오이디푸스, 장애인 되다

지은이 **박정수**

대학에서 공부한 문학비평을 이 책에서 이십 년 만에 써먹었다. 연구 공간 <수유+너머>에서 프로이트, 라캉, 푸코, 들뢰즈 등을 공부했으며, 거기서 '전공'에 구애받지 않고 막 얘기해도 된다는 걸 배웠다. 수다스런 <아침꽃 세미나>에서 루쉰, 벤야민, 카프카 전집을 읽었고, 그리스 비극도 여기서 처음 읽었다. 지금은 SF소설을 읽고 있는데, 어슐러 K. 르 귄에 푹 빠졌다. 노들장애학궁리소에서 장애사 저서를 번역하며 공부하고 있다. 고대 그리스의 장애 인식에 관한 지식은 주로 여기서 얻었다. 노들야학 철학 교사로서 수업 시간에 그리스 비극을 강독한 내용을 책으로 엮었다. 2022년부터 영상 활동을 시작, 장애인들과 함께 장애인들의 '비극'을 영상으로 담고 있다.

오이디푸스, 장애인 되다

초판1쇄 펴냄 2024년 1월 4일

지은이 박정수
펴낸이 유재건
펴낸곳 (주)그린비출판사
주소 서울시 마포구 와우산로 180, 4층
대표전화 02-702-2717 | **팩스** 02-703-0272
홈페이지 www.greenbee.co.kr
원고투고 및 문의 editor@greenbee.co.kr

편집 이진희, 구세주, 송예진, 김아영 | **디자인** 이은솔, 박예은
마케팅 육소연 | **물류유통** 류경희

ISBN 978-89-7682-826-2 03330

독자의 학문사변행學問思辨行을 돕는 든든한 가이드 _(주)그린비출판사

오이디푸스,
장애인 되다

장애학자가 들려주는 그리스 비극 이야기

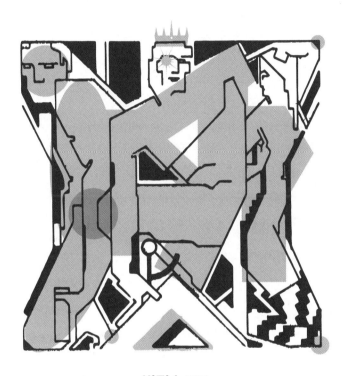

박정수 지음

그린비

추천의 글

장애를 의존성, 비극, 운명과 연결 짓는 시각은 '장판'에서 보통 비판의 대상이 된다. 그러나 의존성이 보편적인 '인간의 조건'이라면, 장애운동이 나아가야 할 방향은 자립과 의존의 이분법을 탈구축하고 상호의존(연립)을 재구축하는 일일 것이다. 우리의 삶은 희극으로만 구성될 수 없고, 비극 또한 소거될 수 없는 인간 삶의 한 양상이다. 이 책은 장애학의 시좌에서 그리스 비극을 읽어 냄으로써 비극의 의미를 탈구축하는 동시에 운명애를 소수자적 관점에서 정치적으로 재구축한다.

김도현(『장애학의 도전』 저자)

필록테테스의 '불길한 비명과 신음'에 옛 기억이 소환되었다. 끝나지 않을 것 같은 극심한 통증 한가운데에서 비명을 지르던 밤. 그 밤으로부터 지금은 육체도, 마음도 많이 회복되었지만, 그 이후로 줄곧, 어떤 이야기 속에서 비극적인 등장인물에게 더 마음이 쓰이곤 한다. 그들의 비극을 동정해서가 아니라 그들의 비극이 더 이상 타인의 비극이 아니라는 연결의 감정 때문이다. 아픔과 고통이 이끄는 세계가 있고, 그 세계는 타인과 연결되어 있다. 나는 그 세계를 두려워서 피하다가, 겨우 발을 담그다가, 비로소 온 몸을 담그는 법을 익히고 있다.

이 책은 장애인 당사자를 대상으로 한 '장판에서 비극 읽기' 강의를 정리한 것이지만, 저마다의 비극을 안고 살아가는 모두를 위한 것이기도 하다.

나드(시민연극 「아파도 미안하지 않습니다」 배우)

장애인권 활동 초창기 장애학 공부 모임에서 "만약 내 아이에게 장애가 있다면 낳을 건가?"라는 물음이 던져졌다. 비장애인 활동가들은 "경험하지 못한 일상의 도전이라 생각하고, 낳아 보겠다"고 대답한 반면 나는 "아니, 결코 낳지 않을 것"이라고 대답했다.

나와 같은 골형성부전증을 지닌 아이를 임신했을 당시 그때의 "아니"를 소환했었다. 하지만 아이를 낳았고, 그 덕분에 지금의 나는 행복하다. 아이의 뼈가 수시로 부러지고 또래 아이들보다 성장이 뒤처지는 걸 볼 때마다 밀려오는 죄책감을 외면할 수 없지만, 그럼에도 불구하고 아이는 비할 데 없이 이쁘고 건강하다. 자신의 삶을 긍정하려는 노력 속에서 내 아이가 지금의 나보다 더 강한 존재로 성장할 것을 기대한다.

중증장애인 한 명에게 지원되는 세금이 천문학적이라는 논리 속에 나치 정권의 T4작전을 소환하는 오늘날, 이 책이 모든 사람에게는 장애 유무와 상관없이 자기 삶을 긍정할 기회가 있다는 이야기로 전해지기를 바란다.

이라나(장애인권운동 활동가)

정립(正立). 제대로 서는 것, 걷기, 다리의 유무는 인간의 조건인가? "아침에는 다리가 넷, 낮에는 다리가 둘, 저녁에는 다리가 셋인 것은 '사람'"이라고 나는 생각하지 않는다. 이런 사람도, 이 상황이 지속되는 사람도 없기 때문이다. 누워서 지내야만 하는 사람도 많고 죽을 때까지 그런 상태로 사는 사람도 있다. 엎드려서 바닥을 닦는 중년 여성은 '아침, 점심, 저녁' 모두 다리가 넷이다.

장애 범주를 포함, 모든 사람 집단에는 '여성이 반을 차지한다'. 하지만 가부장제는 사람의 개념에 여성을 포함시키지 않는다. 이러한 배제의 경험은 여성이 모든 소수자와 연결될 수 있도록 하며, 여성주의의 급진성도 바로 여기에서 온다. 이 책은 이 진실을 분명히 한다.

정희진(여성학 연구자, 〈정희진의 공부〉 편집장)

장애를 이유로 수십 년간 유폐된 삶을 살았던 야학 학생들에게 교사 박정수는 질문한다. "여러분은 자신의 삶을 비극이라고 느끼나요?" 그 질문도, 이어지는 학생들의 대답도 너무나 짜릿하다.

해괴함과 막장스러움 때문에 예전엔 도무지 이해하기 어려웠던 그리스 비극에 이토록 깊게 공감하게 될 줄 몰랐다. 파괴적 운명에 맞서면서도 그 운명을 사랑하는 비극 속 영웅들과 내 곁에 저항하는 장애인들의 이야기가 씨줄과 날줄처럼 엮여 비극도, 장애도, 고통도, 희망도 새롭게 보인다.

홍은전(작가, 인권 동물권 기록활동가. 『나는 동물』 저자)

추천의 글

prologue.
장판에서 비극을 왜?

나는 노들장애인야학(이하 노들야학) 철학 교사다. 노들야학 철학 수업에서 그리스 비극을 읽어야겠다고 생각한 건 2019년 봄이다. 그 무렵 노들장애학궁리소(이하 궁리소) 화요 세미나에서 한 '그리스 비극 강독'이 끝났다. 한나 아렌트 전집 강독을 끝내고 머리나 식힐 겸 소문으로만 아는 그리스 비극을 찬찬히 읽자고 한 건데 너무 재미있어서 일 년을 그리스 비극의 세계관에 빠져 지냈다. 인문학 교양 서적들이 대체로 추상적이고 따분하기 마련인데, 천병희 완역본 그리스 비극은 막장 드라마처럼 재미있고 할 얘기가 많았다.

　매주 화요일 아침 10시 세미나는 주말 드라마 보고 와서 수다 떠는 모임 같았다. 중년 비장애 여성들이 많이 참여했는데, 임금 가사 노동자에 수다스런 나는 그 어떤 인문학 세미나에서도 느낄 수 없던 흥겨움과 지적 유희에 빠졌

　　　　　오이디푸스, 장애인 되다

다. 그러면서 드는 생각이 그동안 그리스 비극을 두고 '인간의 보편적' 운명, '인간 본성'의 심연이 어쩌고 하면서 정작 그 막장 드라마에 흘러넘치는 사회성과 정치성은 왜 다들 못 본 체해 온 걸까 의아했다. 특히 에우리피데스의 비극 곳곳에 드러난 여성혐오(misogyny)와 대중 민주주의의 논쟁들은 오늘날 한국 사회의 모습과 너무 비슷해서 깜짝 놀랐다.

그 무렵 노들야학 철학 수업을 맡으면서 뭘 할까 고민하다 그리스 비극의 재미를 학생들과 공유하자고 마음먹었다. 그러기 위해서는 몇 가지 고려해야 할 사항이 있다. 장애인 학생들의 문해 능력이 천차만별이라 미리 작품을 읽어 오라고 할 수 없었다. 게다가 천병희 완역본은 어휘와 문장이 어려워서 그대로 쓸 수 없었다. 그래서 매번 쉬운 말로 고쳐 쓴 텍스트를 빔프로젝터로 띄워 놓고 돌아가며 읽는 방식으로 강독을 했다. 그러자니 읽는 데 너무 시간이 많이 걸려 정작 줄거리 파악할 시간이 없었다. 그래서 내가 집에서 큰 소리로 읽은 걸 녹음해 와서 트는 방법을 써 보기도 하고, '낭독 모임' 하는 활동가들에게 부탁해서 라디오 드라마처럼 녹음한 걸 청취하기도 하며 강독을 이어 갔다.

비장애 중년 여성들과 함께 한 궁리소 세미나에서는 여성 문제가 주로 눈에 띄더니, 노들야학에서 중증장애인 학생들과 함께 읽으니 뜻밖에도 비극 속의 장애 문제가 눈에 띄었다. 소포클레스의 「오이디푸스 왕」을 읽을 때였다. 방황하는 오이디푸스 앞에 사람 머리에 사자 몸을 가진 괴물 스핑크스가 나타나 수수께끼를 냈다. "아침에는 다리가 넷, 낮에는 다리가 둘, 저녁에는 다리가 셋인 것은?" 학생들은 이 수수께끼를 무척 재미있어 했다. 어쩌다 보니 서너 번 반복해서 수수께끼를 내게 됐는데, 내가 "답은?" 하고 물으면 꾸벅꾸벅 졸던 학생들도 그때마다 눈을 번쩍 뜨고 "사람!" 하며 대답했다. 몇 번째였을까? 어느 순간 학생들이 탄 휠체어가 마치 처음 본 것처럼 눈에 들어왔다. 그리고는 왜 수수께끼의 답이 '사람'인지, 플라톤을 비롯한 그리스 지식인들은 인간의 본질이 '두 발로 걷는' 데 있다고 생각했다고 설명하려는 내 말문이 탁 막혔다. 내 앞에 앉아 있는 거의 모든 학생들이 태어나서 지금까지 한 번도 두 발로 걸어 본 적 없다는 걸 새삼스레 깨달은 것이다.

그해는 학생들이 감상할 수 있는 상태로 텍스트를 만들고 강독하느라 미처 그리스 비극이 장애인의 삶과 어떤 연관이 있는지 생각할 겨를이 없었다. 2020년 『장판에서 푸코 읽기』(오월의봄, 2020)를 집필하느라 휴직한 후, 2021년 다시 철학 수업을 하게 됐을 때에는 아예 '장판에서 비극 읽기'

오이디푸스, 장애인 되다

로 수업 제목을 정했다. 장애인 운동 현장(장판)에서 미셸 푸코의 저작들을 다시 읽는 작업이 무척 흥미로웠던 터라 내친 김에 그리스 비극도 장판의 문제의식을 갖고 다시 읽어 보자는 취지였다.

일 년 동안 '장판에서 비극 읽기' 수업을 하면서 가장 좋았던 점은 학생들 개개인의 이야기와 고민을 들을 수 있었던 거다. 그동안 비마이너 객원 기자, 궁리소 연구원으로 활동할 때는 노들야학 학생들 이름도, 저마다 어떻게 살아왔으며 어떤 고민이 있는지도 모르고 지냈다. '집단'으로서 장애인이 사회에서 받는 차별과 배제를 비판하는 데 주력하느라 정작 옆에 있는 장애인 한 명 한 명의 삶과 고민은 잘 몰랐다. 그런데 막장 드라마 같은 비극을 두고 이런저런 수다를 떨다 보니 저마다의 인생 이야기와 속내를 들을 수 있었다.

2021년 철학 수업 첫날 "여러분은 자신의 삶을 비극이라고 느끼나요?"라고 물었다. 중증장애인에게 자기 삶을 비극의 관점에서 돌아보라는 질문을 던지는 일은 사실 내 안의 금기를 깨는 일이었다. 많은 고심 끝에 던진 질문이었고, 하고 나서도 학생들 눈치를 많이 봤다. 의외로 학생들은 아무렇지 않게 반응했다. 대략 절반이 비극이라고 대답했고, 소수의 사람이 그렇지 않다고 대답했다. "지금처럼 장애인으로

다시 태어난다면 어떨 것 같아요?"라는 질문을 던진 적도 있
다. 교실의 한 중증뇌병변장애인은 "절대적으로 싫다. 장애
인으로 사는 건 엄마한테도, 나 자신한테도 못할 짓이다"라
고 대답했는데, 다른 중증뇌병변장애인은 줌(ZOOM) 화면
속에서 "왜? 나는 괜찮은데!"라고 대답했다.

　우리 사회가 장애(인)를 인식하는 방식과 그에 따른
차별과 배제의 권력을 비판한 작업이 '장판에서 푸코 읽기'였
다면, '장판에서 비극 읽기'는 장애인 당사자가 자신의 장애
있는 삶을 어떻게 인식하는지, 장애인으로 사는 운명을 어떻
게 대하는지와 그에 따른 삶의 태도를 성찰하는 작업이다.
2022년 봄 문득 인생 이모작으로 영상 활동을 하고 싶다 생
각한 것도 같은 맥락이다. 장애인 권리 예산을 요구하며 출
근길 지하철 선전전을 하고 온 두 노들야학 학생의 인생 이
야기를 듣고 나서 무슨 '계시'라도 들은 것처럼 저들의 이야
기와 속내를 다큐멘터리 영화로 만들고 싶다는 충동에 사로
잡혔다. 저금해 둔 돈을 털어 영상 작업에 필요한 장비를 사
고, 촬영과 편집 기술은 유튜브에서 강의를 찾아 배웠다. 그
해 겨울 "장애인으로 사는 건 엄마한테도, 나 자신한테도 못
할 짓"이라고 한 이영애 씨를 주인공으로 다큐멘터리 「어떤
독립: 이영애의 경우」를 제작했다. 2023년 봄에는 중증발달

　　　　　오이디푸스, 장애인 되다

장애인 남매를 키우는 어머니가 유방암에 걸려 시한부 판정을 받은 사연을 듣고 무작정 카메라를 들고 그 어머니를 찾아갔다. 자신이 죽은 후에도 자녀들이 시설에 가지 않고 지금의 지역사회에서 주거와 돌봄을 지원받으며 살 수 있는 제도를 만들기 위해 투쟁하는 그분의 모습이 비극 속 영웅 같았다. 그 가족의 일상에 결합해 남매와 어머니의 이야기를 카메라에 담았다. 그 동행의 영상 기록을 '비마이너'에 연재했고 「여기서 살래요」라는 다큐멘터리로 제작했다.

장애인들의 인생 내면을 다큐멘터리로 담고 싶다는 생각은 '장판에서 비극 읽기'에서 촉발되었다. 장애인의 관점에서 비극을 읽는 작업이 장애인의 인생을 다큐멘터리 비극으로 제작하는 작업으로 이어진 것이다. 그러는 사이 2022년 9월 안산단원장애인자립생활센터의 중증장애인 권익옹호 노동자를 대상으로 '장판에서 비극 읽기'란 주제로 5회 연속 강의했고, 2023년에는 궁리소 장애 인문학 강좌에서 같은 주제로 대중강연을 했다. 이 책은 2019년부터 2023년까지 한 '장판에서 비극 읽기' 강의를 정리한 것으로, 본문은 장애인에게 강의를 하는 것처럼 존칭으로 서술했다. '장판'이 처음인 비장애 독자들은 뒤에 서서 청강하듯 읽어도 좋겠다.

차례

오이디푸스, 장애인 되다

일러두기

1   단행본·정기간행물에는 겹낫표(『 』)를 사용했고, 논문·단편, 회화·영화 등의 작품명에는 낫
    표(「 」)를 사용했다.

2   외국인명이나 지명, 작품명 등은 2022년 국립국어원에서 펴낸 외래어표기법을 따랐으나, 관
    례가 굳어져 사용되는 경우 그것에 따랐다.

3   에우리피데스의 비극 제목 중 「바쿠스 여신도들」의 경우, 천병희 완역본에서는 「바쿠스 여신
    도들」로 표기한 것과 달리 이 책에서는 규범 표기에 따라 모두 '바쿠스'로 표기했다.

1.
사회적
장애모델과
비극

사회적 장애모델로부터

장애인 운동판(장판)에서 비극을 읽는 것은 꽤 도발적인 작업입니다. 왜냐하면 우리 노들야학이 최전선에 있는 진보적 장애운동은 '비극'을 좋아하지 않기 때문입니다. "여러분은 자신의 삶을 비극으로 느끼나요?" 사실 이렇게 물으면서도 제 마음에는 이게 '하지 말아야 할 질문'이라는 거리낌이 듭니다. 장애인의 삶을 '비극'으로 조망하는 것은 장애의 사회성을 간과하게 만든다는 장애학의 인식 때문입니다. '전국장애인차별철폐연대'로 대변되는 한국의 진보적 장애운동은 1970년대 영국의 진보적 장애운동에서 비롯된 '사회적 장애모델'을 따르고 있습니다. 영국의 진보적 장애운동은 장애를 개인의 신체적 손상(impairment)으로 정의하는 의료적 관점을 비판하면서 일어났습니다. '분리에 저항하는 신체장애인 연합'(Union of the Physically Impaired Against Segregation)은 장애를 이렇게 정의했습니다.

> 우리가 보기에 신체적으로 손상을 입은 사람을 장애인으로 만드는 것은 사회다. 장애(disability)는 우리가 가진 손상(impairment) 위에 부과되는 어떤 것으로, 그것은 우리가 아무런 필연적인 이유 없이 사회에 대한 완전한 참여로부터 고립되고 배제됨으로써 초래된 것이다. 이렇게 장애인은 사회 안에서 억압받는 집단이 된다.[1]

의료적 장애모델은 여러분이 너무 잘 알 겁니다. 장애인 등록하고 장애 등급 받으려면 어디 가죠? 병원에 가서 의사한테 진단을 받죠. 그 진단서를 기초로 국민연금공단이 심

---

[1] 톰 셰익스피어(Tom Shakespeare), 『장애학의 쟁점: 영국 사회모델의 의미와 한계』, 이지수 옮김, 학지사, 2013, 31쪽.

　오이디푸스, 장애인 되다

사해서 장애 등급을 판정합니다. 의사는 어떻게 장애를 진단할까요? 의사는 신체의 정상 기능을 기준으로 삼아 자기 앞의 신체가 얼마나 손상되었는지 측정하고 진단합니다. 장애인의 일상생활에 필요한 활동지원 서비스를 받을 때도 마찬가지입니다. 혼자 대변, 소변을 누고 뒤처리까지 할 수 있는지, 혼자 식사하고, 목욕하고, 이동하고, 전화 걸고, 대중교통 이용하고, 은행 업무를 볼 수 있는지 묻습니다. 그런 것들을 혼자 힘으로 얼마나 수행할 수 없는지, 얼마나 무능력한지 점수를 매깁니다. 그 '할 수 없음'(disability)의 정도에 비례해서 활동지원 시간이 정해집니다. 장애인에게는 활동지원 시간이 곧 활동 가능 시간이므로 심사받는 개인은 자신의 손상과 무능력의 최대치를 보여 주려고 애쓸 수밖에 없습니다. 대다수 장애인들이 자신의 무능력을 과장해야 하는 현실이 슬프고 화난다고 말합니다.

그렇게 안 하고 달리 어떻게 장애 심사를 하냐고요? 장애를 개인의 손상이 아니라 사회적 문턱과 차별의 산물로 볼 때 질문 방식도 달라질 수 있습니다. 혼자 용변을 볼 수 있냐고 묻는 대신 용변을 보기 어렵게 만드는 환경이 무엇인지 물을 수 있잖아요. 혼자 식사를 할 수 있냐고 묻는 게 아니라 식사를 위해 어떤 지원이 필요한지 묻는 겁니다. 장애를 보

1. 사회적 장애모델과 비극

는 관점을 개인의 손상에서 사회적 환경과 필요한 지원으로 이동하는 겁니다. 문턱이나 틈처럼 물리적인 환경 역시 사회 구성원들의 암묵적 합의에 의해 형성되고 변할 수 있습니다. 그래서 '사회적'이라는 수식어가 붙는 거지요. 진보적 장애운동은 이처럼 장애를 개인적 손상이 아니라 사회적 환경으로 보고, 사회적 환경을 이루는 법과 제도, 문화와 인식을 바꾸는 실천을 조직해 왔습니다.

이런 사회적 장애모델을 대표하는 장애학자가 마이클 올리버(Michael Oliver)입니다. 그는 『장애화의 정치』(The Politics of Disablement)에서 장애를 개인의 손상으로 보는 보수적 관점을 '개인적 비극 이론'(the personal tragedy theory of disability)이라고 불렀습니다. 장애를 개인의 손상으로 보는 '의료적 장애모델'과 별도로 '비극 이론'이라는 개념을 사용한 이유가 뭘까요? 의료적 장애모델은 19세기 서구 사회에서 임상의학이 발전하면서 장애에 대한 실증과학적 접근법으로 자리 잡았습니다. 그전에는 주로 기독교 신학에 준거해서 장애를 죄의 산물, 신의 형벌로 이해했습니다. 올리버는 신학과 의학을 통틀어 장애를 개인의 '불행한 운명'으로 보는 보수적 태도를 '비극 이론'이란 단어로 표현한 겁니다. 그는 이 개인적 비극 이론을 비판하면서 사회적 장애모델이 출현했

오이디푸스, 장애인 되다

다고 말합니다.

> 손상에 대한 이러한 설명은 손상이 불행한 개인에게
> 일어난 우연한 사건이라는 개인적 비극 이론의 근거
> 에 대한 비판이다.[2]

　올리버에 따르면, 개인적 비극 이론이란 장애를 "불행
한 개인에게 일어난 우연한 사건"으로 보는 태도입니다. 그
가 '비극'이란 단어에 담고 싶은 뜻은 '우연'과 '불행'입니다. 장
애를 우연한 사건으로 본다는 것은 그것의 환경 요인이나 사
회적 원인을 파악할 수 없다는 뜻입니다. 그런 우연한 사건
을 '운명'이라 일컫습니다. 운명은 이성의 힘으로 원인을 파
악할 수 없기에 우연한 것으로 경험됩니다. 예전 남자들이
'썸타는' 여자가 다니는 길목을 서성거리다가 불쑥 나타나
"어? 여긴 어쩐 일이세요?" 하며 우연한 만남을 가장하는 짓
을 많이 했는데, 그 만남이 '운명'이라고 말하고 싶었던 거죠.
합리적으로 원인을 파악할 수 없어서 '우연'으로 보이지만,
필연적으로 일어날 수밖에 없는 것으로 받아들여야 할 사건

2　　마이클 올리버, 『장애화의 정치』, 윤삼호 옮김, 대구 DPI, 2006, 33쪽.

을 '운명'이라 합니다.

그래서 장애를 '비극'으로 본다는 것은 장애를 '운명'으로 받아들이는 것입니다. 운명적인 사건에는 사랑이나 결혼, 건국, 왕좌의 탈환처럼 기다려지는 일도 있지만, 비극은 그렇지 않습니다. 비극은 필사적으로 피하고 싶은 운명, 차라리 죽는 게 나을 것 같은 '불행'한 운명을 상연합니다. 올리버에 따르면, 비극은 장애인을 불행한 운명의 희생양으로 보게 합니다. 이런 관점에서 기대할 수 있는 보상은 동정과 시혜뿐입니다. 올리버는 장애를 사회적 억압의 산물로 볼 때 그런 시혜적 태도를 극복하고 차별적인 사회제도를 바꾸는 실천에 나설 수 있다고 말합니다.

장애를 사회적 억압으로 보는 것은 장애의 책임을 개인이 아니라 사회와 국가에 돌리는 것입니다. 개선해야 할 것은 개인의 몸이 아니라 장애인을 차별하고 배제하는 사회제도라는 거죠. 사회적 차별에 저항하기 위해 장애인 당사자는 자신의 장애를 수치로 여겨서는 안 됩니다. 그런 자기 부정적 태도로는 장애인을 무가치한 존재로 보는 사회에 맞서 싸울 수 없기 때문입니다. 장애인 권익옹호 활동 중에 'DP'(Disability Pride) 행진이 있습니다. '장애 프라이드' 행진은 장애를 감춰야 할 수치로 보는 관점을 극복하고 장애인의 몸과 존재를 사회에 당당히 드러내는 실천입니다.

개인적 비극 이론 구하기

마이클 올리버를 비롯한 사회적 장애론자들은 이런 이유로 '개인적 비극 이론'을 비판합니다. 분명 수긍할 만한 비판입니다. 그럼에도 제 마음 한편에 남은 의구심을 떨칠 수 없습니다. 왜 하필 '비극'이란 단어를 사용했을까? '비극'이란 개념은 사회적 장애모델이 극복해야 할 보수적 관점을 정의하는 데 적확한 개념일까? 사회적 장애모델이 의료적 모델을 비판하는 것은 충분히 이해할 수 있습니다. 의학은 근대 실증적 인간학의 영토 안에서 장애를 정의하는 이론으로서 제도적 지배력을 획득했습니다. 사회학은 의학과 경쟁적, 대립적 관계에서 장애를 대안적으로 정의하는 모델을 제시했습니다. 하지만 '비극'은 사회학이나 의학과는 아예 층위가 다른 세계관입니다. 비극은 실증적 인간학의 영역이 아니라 고대부터 이어져 온 예술 세계에 속합니다. 굳이 비교되거나 경쟁하는 관계가 아닌 거죠. 그럼에도 장애를 사회적 억압으로 보는 관점을 비극의 세계관과 대립시키는 이유는 뭘까요?

장애를 운명으로 보는 비극 이론과 억압으로 보는 사

1. 사회적 장애모델과 비극

회학적 모델을 대립시키는 것은 근대 계몽주의자들이 즐겨 쓰던 대립 구도처럼 보입니다. 물론, 노인들이나 보수 개신교 목사 중에는 여전히 장애를 '팔자'나 전생(부모)의 '죄'(업보)로 보는 사람이 있고, 의사 중에도 장애를 개인의 불운으로 여기는 사람이 있습니다. 그러나 근대 이후 장애인에 관한 의료 실천과 정부의 복지 정책이 종교적 '운명론'에 입각해 있다고 보기는 어렵습니다. 거기에는 근대에 출현한 의료적 생명 통치의 논리가 작용하고 있습니다. 장애는 운명이 아니라 사회적 현상이라는 계몽주의의 대립 구도는 너무 낡고 무딘 이론적 무기로 느껴집니다. 그 낡은 무기로는 근대적 장애 인식과 통치 이성에 대적하기 버거워 보입니다.

올리버가 비극과 운명을 '개인적'인 것으로 여기며 '사회적' 모델과 대립시키는 것도 사실 잘 납득되지 않습니다. 비극은 얼마든지 집단적, 사회적으로 일어날 수 있지 않나요? 우리 사회의 비극, 한 나라의 비극이라는 말도 자주 쓰잖아요. 운명은 어떨까요? 올리버는 운명이 '개인'에게 작용하지 '사회적'으로 발생하지 않는다고 여기는 것 같습니다. 여러분은 어떻게 생각하세요? 어떤 집단에 작용하는 운명, 사회나 국가의 운명, 기후위기로 인한 인류의 운명도 얼마든지 논할 수 있지 않나요?

오이디푸스, 장애인 되다

1970년대 영국의 사회적 장애모델은 마르크스주의 전통 속에서 나왔습니다. 인종이나 계급을 자연의 산물이 아니라 사회적 관계의 산물로 본 마르크스(Karl Marx)의 관점을 장애에 적용한 거죠. 물론 마르크스는 유물론에 입각해서 신학적 운명론을 비판했습니다. 하지만, 그렇다고 마르크스가 '운명론' 자체를 폐기한 건 아닙니다. 그는 사회적으로 결정된 운명에 관해 말했습니다. 『자본』 1권 23장 '자본주의적 축적의 일반 법칙'에서 마르크스는 "이 장에서는 자본의 증대(성장, Wachstum)가 노동자계급의 운명에 미치는 영향을 다룬다"(김수행 번역, 836; 강, 837)고 썼습니다.[3] 자본의 축적이 노동자계급에 미치는 영향을 분석한 이 장에서 마르크스는 노동자의 '운명'이라는 표현을 썼습니다. 그것은 노동자계급에 작용하는 사회·역사적 '필연'을 뜻합니다. 특정 개인은 노동자의 처지에서 벗어날 수 있고 자본가의 억압과 착취를 못 느낄 만큼 성공할 수도 있습니다. 그러나 계급으로서 노동자는 자본 축적의 일반 법칙을 벗어날 수 없습니다. 마르크스는 그 일반 법칙이 노동자계급에 미치는 '필연' 작용을 노동자계급의 '운명'이라고 표현한 겁니다.

3   고병권, 『노동자의 운명』 천년의상상, 2020, 20쪽 참조.

마르크스는 '노동자의 운명'이라는 표현을 통해 그로부터 '벗어날 수 없다'는 슬픔과 허무함을 피력한 걸까요? 그렇지 않습니다. 마르크스가 '운명', 혹은 '필연적 법칙'이라는 표현을 쓴 것은 단지 '자본주의 체제'하에서, 개인적으로는 결코 벗어날 수 없다는 뜻입니다. 노동자들이 자기 '계급'의 운명을 깨달을 때, 계급의식으로 각성하여 자본주의 체제에 맞서 싸울 때 그들은 이 운명을 벗어날 수 있습니다. 아니 그럴 때만, 노동자계급의 운명을 지배하는 자본의 힘으로부터 해방될 때만, 해방되는 만큼만 그들은 노동자계급의 운명을 벗어날 수 있습니다. '노동자의 운명'은 그런 계급적 각성과 해방까지 포함한 개념입니다.

마르크스가 '노동자의 운명'이라는 표현을 쓴 것처럼 '장애인의 운명'이라는 표현을 쓸 수는 없을까요? 그럴 때 장애인의 운명이란 사회집단으로서의 장애인을 정의하고 배제하는 비장애중심주의(ableism) 사회의 일반 법칙을 뜻할 수 있습니다. 개별 장애인들은 모르겠지만 소수자 계급으로서 장애인은 그 일반 법칙을 벗어날 수 없습니다. 어떤 장애인들은 보정 기술과 부유함, 혹은 처절한 노력으로 장애를 '극복'하여 비장애인처럼 살 수 있을지 몰라도 소수자 계급으로서 장애인은 비장애중심주의 사회를 지탱하는 차별과 배제의 일반 법칙을 벗어날 수 없는 겁니다. 장애인들이 그 장애인의 운명을 깨닫고 비장애중심주의 체제와 맞서 싸울 때 그 차별의 시스템이 소멸하는 만큼 그들은 장애인의 운명에서 벗어날 수 있습니다.

마르크스가 '운명'이란 개념을 이렇게 사회·역사적 필연으로, 투쟁과 해방의 맥락 속에서 사용한 것은 그가 고대 그리스 비극을 잘 알고 좋아했기 때문입니다. 고대 그리스의 비극에서 그려진 운명론이 저렇거든요. 고대 그리스 비극은 피하고 싶지만 피할 수 없는 불행한 운명을 보여 줍니다. 서로 다른 인간들의 의지와 욕망이 씨줄과 날줄처럼 엮여 개인을 운명의 그물에 빠뜨리는 과정이 비극의 줄거리입니다. 그 운명의 서사에서 비극의 주인공은 순응하는 자가 아니라 자신의 의지를 곧추세워 투쟁하는 자입니다. 끝내 자신의 의지와 반하여 비참한 운명을 만날 때 비극의 주인공은 '마치 원했던 것처럼' 자신의 운명을 긍정합니다. 자신의 운명과 대결하는 비극의 서사는 한 집단과 나라의 몰락과 구원의 맥락 속에서 전개됩니다.

올리버가 말한 '개인적 비극 이론'은 기독교적 운명론입니다. 기독교의 운명론은 인간의 의지와 투쟁을 죄악시합니다. 운명은 사회와 역사를 초월한 유일신에 의해 결정되고,

1. 사회적 장애모델과 비극

인간에게 주어진 윤리적 과제는 자유의지를 포기하고 신의 뜻(운명)에 복종하는 것입니다. 그런 기독교 운명론이 중세 서구 사회를 지배했습니다. 근대 계몽주의자들은 그런 기독교 운명론에 대항하여 이성적 인간이 만들어 가는 사회와 역사를 주창했습니다. 올리버는 근대 계몽주의의 연장선에서 개인적 비극 이론과 사회적 장애모델을 대립시킨 것입니다. 그럴 때 간과되는 지점은 마르크스가 '노동자의 운명'을 논할 때 나타난 고대 비극의 운명론입니다. 자신의 운명을 깨닫고 투쟁하고 그로부터의 해방을 자신의 소명으로 받아들이는 그리스 비극의 운명론 말입니다.

개인적 비극 이론을 배척함으로써 사회적 장애모델이 간과하는 지점이 있습니다. 바로 장애인 당사자가 자신의 고통과 맺는 관계입니다. 사회적 장애모델은 '손상'과 '장애'를 개념적으로 구별하면서 사회제도적 차별에 의해 발생하는 장애만 주목합니다. 그 결과 장애인 당사자의 손상과 고통은 '개인적'인 문제로 치부하는 경향이 있습니다. 많은 손상이 고통을 동반합니다. 사회적 차별과 불충분한 지원 때문에 가중되기도 하지만 제도가 바뀌어도 지속되는 고통이 대부분입니다.

사회적 장애모델이 당사자의 고통을 외면하는 이유

오이디푸스, 장애인 되다

는 그것이 장애를 '부정적'인 것으로 보게 만들기 때문입니다. 비장애인들이 장애인의 삶은 고통뿐이라고 여기는 것은 많은 경우 장애인의 삶이 무가치하다는 생각으로 치닫곤 합니다. 그토록 고통스런 삶을 지속하느니 차라리 죽어 버리는 게 낫다는 우생학의 극단적 사고는 '고통'에 대한 '근대적' 사고방식의 산물이기도 합니다. 고대와 중세까지 고통에는 어떤 심오한 의미와 가치가 있다는 사고의 전통이 있었습니다. 그러나 근대에 들어와서 고통은 의료적 조치에 의해 재빨리 제거되거나 사회적 조치에 의해 비가시화되어야 할 것으로 전락했습니다. 의료적 담론이 그 고통의 무가치화에 가장 큰 역할을 했죠. 의료적 담론에 맞서는 진보적 장애운동까지 고통은 무가치하다는 통념에 갇힐 필요는 없습니다. 장애와 고통은 소위 '건강하고 정상적'인 사람들이 망각한 세계의 고통과 문제점을 깨닫게 하는 힘이 있습니다. 고통받는 자에게는 고통을 외면한 자들의 세계를 흔들어 깨우는 실천의 동력이 잠재해 있습니다.

사회적 장애모델은 장애 정체성을 가진 이들이 차별적인 법과 제도에 맞서 싸울 것을 주창합니다. 사회적 장애모델이 손상의 고통을 외면하는 것도 고통을 가지고는 정체성을 형성할 수도, 사회와 맞서 싸울 수도 없다고 여기기 때문입니다. 타자와 싸우려면 자기와는 평화로워야 한다고 여기는 거죠. 하지만 이 역시 근대 이성주의 철학의 이원론적 사고일 뿐입니다. 자기와의 투쟁과 사회와의 투쟁은 긴밀하게 연결되어 있습니다. 자신에게 내면화된 사회적 편견과 투쟁하는 장애인만이 저항적 장애 정체성을 갖게 되며, 사회적 차별을 철폐하는 만큼 자기도 전과 다른 존재로 변신하는 것입니다. 장애인의 고통은 장애인 자신과 사회 모두를 다르게 보게 하며, 다른 세계를 지향하게 만듭니다. 고통은 장애 정체성의 구성 요소가 될 수 있으며 사회와의 투쟁 동력이 될 수 있습니다. 고대 그리스 비극은 근대 철학이 놓쳐 버린 고통의 가치를 보여 줄 것입니다.

2.
디오니소스를
따르는
소수자들

비극, 산양의 노래

비극(悲劇)이란 뭘까요? 한자를 풀이하면 '슬픈 연극'입니다. 연극을 영어로 '드라마'라고 하죠. 드라마(drama)는 그리스어로 '행동하는'(drā) '것'(ma)을 가리키는 단어(δρᾶμα)에서 비롯된 말입니다. 시나 소설이 말로 삶을 모방하는 것과 달리 드라마는 무대 위 인물의 '행동'으로 삶을 모방합니다. 여기 대학로에 많이 있는 공연장이나 영화관, TV에서 보여 주는 극 장르를 통틀어 '드라마'라고 할 수 있습니다.

슬플 '비'(悲)라는 한자 때문에 슬픔을 느끼게 하는 드라마라고만 생각하기 쉽지만 비극의 본질은 '슬픔'에 있지 않습니다. 고대 그리스 철학자 아리스토텔레스는 『시학』에서 비극은 관객이 '연민과 공포'를 느끼게 한다고 했습니다.[1] 슬픔은 연민과 가깝지만, 공포와는 거리가 좀 멉니다. '아! 어떻게 저런 일이…'라는 경악과 전율이 비극의 본질에 더 어울리는 반응입니다. 왜냐하면 비극이 모방하는 것은 연민과 공포를 자아내는 비참한 운명이기 때문입니다.

고대 그리스인들은 왜 그런 비참한 운명의 드라마를 보며 즐겼을까요? 비극을 영어로 '트라제디'(tragedy)라고 합니다. '트라제디'는 그리스어 '트라고디아'(tragodia)에서 유래한 단어입니다. '트라고디아'는 '산양'을 뜻하는 'tragos'와 '노래'를 뜻하는 'oide'가 합쳐진 단어로 '산양의 노래'를 뜻합니다. '트라고디아'(산양의 노래)라는 단어는 비극이 디오니소스 제전과 관련 있음을 보여 줍니다. '디오니소스'라는 신 아시나요? '바쿠스'(Βάκχος)로도 불린 디오니소스는 술의 신으로 유명하죠. '박카스'라는 피로 해소 음료 이름이 디오니소스의 또 다른 이름에서 온 겁니다. 디오니소스는 술과 춤과 노래로 사람들의 원기를 회복시키는 신입니다.

기원전 5세기 아테네에서는 봄에 디오니소스를 찬미

---

1   아리스토텔레스, 『시학』, 박문재 옮김, 현대지성, 2021, 26쪽.

그림 1

비극이 공연된 디오니소스 극장.

그림 2

사티로스와 산양. 아티카 흑색상 도기, 기원전 520년.

2. 디오니소스를 따르는 소수자들

하는 제전을 열었는데, 디오니소스를 찬미하는 합창 경연이 그 제전의 하이라이트였습니다. 그 합창을 '디티람보스'라고 부르는데, 합창 경연 우승자에게는 산양을 상으로 주었습니다. '디티람보스'는 디오니소스를 부르는 또 다른 이름이고, 디오니소스 신을 대표하는 동물이 산양이기 때문에 우승자에게 산양을 준 것입니다. 디오니소스는 제우스가 바람피워 낳은 자식으로, 헤라의 눈을 피하기 위해 제우스가 어린 디오니소스를 산양으로 변신시킨 적 있다고 합니다. 디오니소스를 항상 따라다니는 반인반수(半人半獸)의 요정 '사티로스'가 산양의 다리와 뿔을 가진 점도 디오니소스 찬미가를 '산양의 노래'(트라고디아)라고 부르는 것과 연관됩니다.

아리스토텔레스는 『시학』에서 비극이 디티람보스의 선창자에서 유래했다고 말합니다.[2] 디티람보스는 한 사람이 선창을 하면 군중이 받아서 합창을 하는 방식으로 진행됩니다. 그러던 것이 선창자가 배우가 되어 연기하고, 군중이 코러스(합창대)가 되어 노래를 하는 뮤지컬 드라마로 발전한 것입니다. 아테네에서는 디오니소스 제전의 주요 이벤트로 비극 경연대회를 열었습니다. 아테네 사람들은 비극을 통해

---

2   앞의 책, 20쪽.

디오니소스를 찬미하고 관객을 즐겁게 했습니다. 비극은 연민과 공포를 자아내는 비참한 운명을 보여 준다고 했었죠. 그렇다면 디오니소스는 대체 어떤 신이기에 인간의 비참한 운명을 보며 관객과 함께 즐거워한 걸까요?

에우리피데스, 「바쿠스 여신도들」

디오니소스 신이 어떤 신인지 잘 보여 주는 비극 작품이 있습니다. 에우리피데스의 「바쿠스 여신도들」이 그것입니다. 무대가 열리면 테베 궁전 앞에 디오니소스가 등장하여 자신이 누구이며 왜 여기 왔는지 설명합니다. 디오니소스를 낳은 것은 테베의 건국자 카드모스의 딸 세멜레로, "번갯불이 산파 노릇"(3행)을 했다고 합니다. 이게 무슨 얘기냐 하면, 제우스와 은밀히 정을 통해 디오니소스를 잉태한 세멜레는 제우스에게 원래 모습을 보여 달라고 졸랐습니다. 제우스가 번개로 변하자 세멜레는 번갯불에 맞아 부서졌습니다. 제우스는 세멜레의 부서진 몸에서 디오니소스의 몸을 수습한 후 "디티람보스여, 내 남자의 자궁 안으로 들어오너라"(527행)라고 외치며 자기 넓적다리에 집어넣었습니다. 헤라의 눈을 피해 제우스의 "남자의 자궁"에서 자란 디오니소스는 얼마 후 두

그림 3

디오니소스의 탄생. 아폴리안 적색상 도기, 기원전 405~385년경.

번째로 세상에 나왔습니다.

　'디오니소스'란 단어는 '두 번'(Dio) '태어난 자'(nysos)를 뜻합니다. 세멜레라는 여인의 몸에서 조각난 몸으로 한 번, 제우스의 '남자의 자궁'에서 또 한 번 태어난 겁니다. 디오니소스가 죽음과 부활, 파괴와 재생의 신성을 지닌 것은 이 때문입니다. 죽음과 부활의 주기적 순환에 민감한 사람들이 농민입니다. 겨울에 모든 식물이 죽은 듯이 파괴되어도 봄이 되면 어김없이 새 생명으로 부활하는 걸 잘 알죠. 그래서 디오니소스는 농촌 지역에서 풍요의 신으로 숭배되었습니다. 인간의 운명도 '파괴와 재생'의 리듬을 갖습니다. 비극은 마

　　　　　　　　　　　　오이디푸스, 장애인 되다

그림 4

니콜라 푸생, 「판의 조상 앞에서의 바쿠스제」, 1634~1635.

치 벼락 맞은 듯 파괴된 인생이 운명의 자궁에서 새로운 생명력을 얻는 드라마를 상연합니다. 파괴와 부활의 신 디오니소스를 경배하기 위해 비극을 상연한 것에는 이런 의미가 있습니다.

디오니소스를 '바쿠스'라고도 부른다 했죠. '바쿠스'는 포도나무의 어린 가지를 뜻하는 단어로, 디오니소스가 포도주 만드는 방법을 사람들에게 전파해서 그렇게 불렸습니다. 박카스처럼 포도주를 마시면 "그날그날의 고생을 잊게"(283행) 되잖아요. 포도주는 단지 피로를 풀어 주는 게 아니라 사람을 도취시킵니다. 디오니소스를 따르는 신도들은 포도주에 흠뻑 취해 "뛰고, 춤추고, 환호성을 지르며"(147행) 솔방울과 담쟁이덩굴로 장식한 지팡이 티르소스(thyrsos)를 미친 듯이 흔들고, 탬버린과 비슷한 팀파논(tympanon)을 열정적으로 흔들며 돌아다녔습니다. 디오니소스교 집회는 실내 교회에서 엄숙하게 지내는 제사가 아닙니다. 디오니소스를 따르는 사람들의 집회는 들판이나 숲에서 술과 춤과 환호성으로 떠들썩한 축제 같은 것입니다.

축제에만 그치면 디오니소스 신앙을 종교라고 할 수 없죠. 디오니소스교는 숲속에서 한밤에 은밀히 진행되는 '비의'(秘儀, 비밀 의식) 형태를 통해 전파되었습니다. 왜 그랬을까요? 자신을 숨겨야 하는 사람들이 모여 드러나면 위험한 행위를 하기 때문입니다. 디오니소스교의 신도 중에는 여성들이 많았습니다. 기원전 5세기 무렵 그리스 사회는 가부장제가 확립되어 여성들은 시민권이 박탈당한 채 가부장의 소유물로 전락했습니다. 가부장 체제에서 여성들은 자신의 의지와 욕망을 억압당했습니다. 디오니소스를 따르는 여성들은 포도주와 춤과 환호성에 도취되어 억압된 욕망을 마음껏 분출했습니다. 가부장 체제의 남성들이 보기에 그런 모습은 미친 것처럼 보였습니다. 그 때문에 디오니소스가 불러일으킨 도취를 '광란'이라 일컫고, 그를 따르는 여신도들을 '마이나데스'(Mainades)라 불렀습니다. '마이나데스'란 뭔가에 '홀려서 미친 여자'를 뜻하는 마이나스(Mainas)의 복수형입니다. 어떤 일에 미친 듯이 열중하는 사람을 뜻하는 '마니아'(mania), 광기를 뜻하는 '매드니스'(madness)가 '마이나데스'에서 파생된 단어들입니다.

「바쿠스 여신도들」에 따르면 디오니소스 신앙은 지금의 튀르키예에 해당하는 '아시아'에서 발전하여 테베를 거쳐 그리스 반도 전역으로 퍼졌습니다. 테베는 디오니소스의 어머니 세멜레의 고향으로, 세멜레의 자매인 아가우에의 아들 펜테우스가 왕으로 집권하고 있습니다. 세멜레의 자매들은 디오니소스의 신성(神性), 즉 그가 제우스의 아들이라

그림 5

마이나데스에 의해 사지가 찢기는 펜테우스. 아티카 적색상 도기, 기원전 500~460년경.

2. 디오니소스를 따르는 소수자들

는 걸 믿지 않습니다. 세멜레가 벼락에 맞은 건 전설처럼 제우스의 본 모습(번개)을 보여 달래서가 아니라 "자신이 제우스의 사랑을 받았다고 거짓말을 한 죄로 번갯불에 타 죽었다"(245행)고 떠벌렸습니다. 그래서 디오니소스는 테베 사람들 중 가장 먼저 아가우에를 비롯한 이모들을 광기에 빠뜨려 신도로 만들었습니다. 아가우에가 디오니소스의 광기에 휩싸여 자기 아들 펜테우스를 살해하고, 정신을 차린 후 끔찍한 친자 살해를 깨닫는 것이 「바쿠스 여신도들」의 주요 내용입니다.

디오니소스를 따르는 사람들

디오니소스가 아가우에를 시켜 펜테우스를 죽인 것은 펜테우스가 디오니소스교를 박해했기 때문입니다. 펜테우스는 전형적인 가부장의 성격을 지닌 왕입니다. 그는 디오니소스교가 "우리 여인들에게 새로운 병을 옮기고 있고, 우리의 결혼 침대를 더럽히고 있다"(352~354행)며 분개합니다. 디오니소스교가 여성들의 욕망을 자극하여 가부장제와 국가 질서를 어지럽힌다고 여긴 거죠. 그런데 펜테우스는 디오니소스를 증오하면서도 그 외모가 매력적이라는 건 인정합니다.

오이디푸스, 장애인 되다

사람들이 말하기를 어떤 이방인이 이곳에 왔는데
그자는 리디아 출신 요술사 겸 마술사로
향기로운 긴 고수머리 금발에
두 눈에는 아프로디테의 포도줏빛 매력이 넘친다고 하며,
밤낮으로 젊은 여인들과 함께 지내며
자신의 환희와 비의로 그들을 유혹한댔어.
내가 여기 이 집 안에서 그자를 붙잡게 되면,
그자의 목을 몸통에서 떼어 놓아 그자가 두 번 다시
티르소스를 치고 머리털을 흔들지 못하게 하겠어.

(에우리피데스, 「바쿠스 여신도들」, 233~240행)

디오니소스의 외모는 오늘날 트랜스젠더 여성의 모습을 연상시킵니다. 에우리피데스는 디오니소스를 "향기로운 긴 고수머리 금발에 두 눈에는 아프로디테의 포도줏빛 매력이 넘치는", "장발은 매력적으로 양 볼에 착 달라붙어"(456행) 있고 "살갗이 흰"(457행), "여자 같은"(493행) 남성으로 묘사합니다. 전설에 따르면 제우스는 헤라를 속이기 위해 디오니소스를 여자처럼 보이게 길렀다고 합니다.

디오니소스에게 비의를 전수해 준 아시아의 대지모신 키벨레(Κυβέλη)는 여성과 남성을 동시에 지녔습니다. 키

2. 디오니소스를 따르는 소수자들

그림 6

동양풍 화장을 한 미소년으로 그려진 디오니소스. 미켈란젤로 다 카라바조, 「바쿠스」, 1598년.

벨레의 열성 신도들은 비밀 의식에서 스스로 거세한 남자들로 구성되며, 그들은 여자 옷을 입고 사회에서 여성으로 간주되었습니다. 그런 트랜스 여성을 갈라이(gallai, 그리스어 복수형), 갈로스(gallos, 그리스어 단수형), 혹은 갈리(galli, 라틴어 복수형)라고 불렀습니다. 「바쿠스 여신도들」에서 카드모스와 테이레시아스, 나중에 펜테우스도 디오니소스 비의에 참여하기 위해 여장(女裝)을 합니다. 이로 보아 에우리피데스도 디오니소스가 키벨레의 트랜스젠더 비의를 전수받은 걸 의

오이디푸스, 장애인 되다

그림 7

키벨레가 프리지아 모자를 쓰고 아티스와 함께 사자가 끄는 마차를 타고 있고, 주위에는 거세된 사제 코리파테스들이 군무를 추고 있다. 파라비아오 접시의 은 부조 장식, 200~400년경.

식한 듯합니다. 오늘날 퀴어퍼레이드에서 성소수자들이 화려한 옷을 입고 머리엔 화관을 쓰고 춤추며 행진하는 모습은 고대 디오니소스 신도들의 모습을 빼닮았습니다.

　"바쿠스의 여신도처럼"(169행) 여장을 하고 나타난 첫 번째 남자는 눈먼 예언자 테이레시아스입니다. 이어서 세멜레의 아버지인 카드모스도 "테이레시아스처럼 차려입고"(178행) 등장합니다. 카드모스가 디오니소스의 신성을 믿는 것은 "세멜레가 그 신을 낳은 것으로 간주되면 우리 가문 전체에 영광이 될 것"(335행)이기 때문입니다. 그럼 테이레시아스가 디오니소스 제전에 합류한 이유는 뭘까요? 전설에 따르면 테이레시아스는 칠 년간 여자로 변신해서 살았다고 합니다. 「바쿠스 여신도들」에는 그런 이야기는 없고, 디오니소스가 술과 축제로 "가련한 인간들을 고통에서 풀어 주기"(280행) 때문에 디오니소스를 경배한다는 얘기만 나옵니다. 펜테우스(Pentheus)란 이름이 '고통'을 뜻하는 펜토스(penthos)와 발음이 유사한 것을 이용해 "제발 펜테우스가 그 이름대로 그대의 가문에 고통을 안겨 주지 않았으면"(367행)이라고 말하는 대목도 테이레시아스가 인생의 고통에 민감하다는 걸 보여 줍니다. 그것은 테이레시아스가 늙고 눈먼 장애인으로서 조롱과 모욕으로 점철된 인생을 살아왔기 때문이 아닐까요.

카드모스와 테이레시아스 두 노인이 여장을 하고 나타나자 젊은 펜테우스 왕은 경악을 금치 못합니다. 펜테우스는 자신의 권력으로 디오니소스를 마구간에 가두고 여자 같은 머리털을 잘라 버리겠다고 공언하지만, 디오니소스는 기적을 일으켜 펜테우스의 탄압을 물리칩니다. 제 발로 감옥에서 나와 펜테우스에게 온 디오니소스는 펜테우스의 억압된 욕망을 자극합니다.

오이디푸스, 장애인 되다

디오니소스: 아아! 그대는 그들이 산에 모여 앉아 있는 모습이 보고 싶은가요?

펜테우스: 그것도 매우. 그 광경을 볼 수만 있다면 황금 만 냥을 주지.

디오니소스: 그토록 보고 싶은 까닭이 무엇이오?

펜테우스: 물론 그들의 술 취한 모습을 본다는 것은 나로서는 괴로운 일이겠지.

디오니소스: 그런데도 그대는 그대에게 쓰라린 것이 보고 싶단 말이오?

펜테우스: 그렇다니까. 하지만 전나무 그늘 아래 웅크리고 몰래 보겠다.

(에우리피데스, 「바쿠스 여신도들」, 810~816행)

에우리피데스는 펜테우스의 무의식에도 디오니소스적인 충동이 있는 것처럼 그립니다. 그것을 억압하느라 의식적으로 혐오를 쏟아 내지만, 치명적인 매력으로 부추기자 펜테우스는 마이나데스를 훔쳐보고 싶은 욕망에 사로잡힙니다. 적을 감시하기 위해서라고 둘러대면서 펜테우스는 디오니소스가 시키는 대로 여자 옷을 입고 숲속으로 갑니다. 펜테우스는 훔쳐보는 억압자의 역할로 디오니소스교 집회에

2. 디오니소스를 따르는 소수자들

참여한 것입니다.

펜테우스는 숲속의 디오니소스 신도들이 원래는 "내 노예"(803행)였다고 말합니다. 바쿠스 여신도들은 아시아에서 온 이방인이고, 테베에서 새로 유입된 신도들은 가출했거나 애초에 "떠돌아다니는 자들"(149행)입니다. 이처럼 디오니소스를 따르는 신도는 여성, 트랜스젠더, 장애인, 노인, 이방인, 부랑인, 노예 등 그리스 사회에서 차별과 모욕 속에 고통받는 소수자들이었습니다. 디오니소스는 술과 축제를 통해 소수자들의 고통을 위로했을 뿐 아니라 강력한 유목 공동체를 이뤄 가부장제 국가 질서를 뒤흔들었습니다.

그들은 키타이론 산기슭의 작은 언덕들에 자리 잡고
있는 마을들인 히시아이와 에리트라이를 적군처럼 덮쳐
무엇이든 닥치는 대로 이리저리 부수며 집에서
아이들을 약탈해 갔나이다.
[…]
그곳 주민들은 바쿠스 여신도들에게 약탈당하자
화가 나 무기를 가지러 갔는데
그것은 실로 끔찍한 광경이더이다. 왕이시여!
청동 날이 박힌 창을 던져도 그들은 피를 흘리기는커녕

오이디푸스, 장애인 되다

오히려 손에서 티르소스를 내던지며 부상을 입히자,
남자들이 여자들 앞에서 등을 돌려 달아났나이다.

(에우리피데스, 「바쿠스 여신도들」, 751~764행)

바쿠스 여신도 중에는 마을에서 아이들을 납치해 온
여자도 있고, "갓난아이를 집에 두고 온"(699행) 여자도 있습
니다. 그래서 "젖이 불은 젊은 어머니들은 산양이나 사나운
늑대 새끼들을 품에 안고 젖을 먹였습니다"(699~700행). 이
처럼 디오니소스 신도들은 내 아이와 남의 아이, 인간 아기
와 야생동물 아기의 경계를 허물고, 강자(늑대)와 약자(산양)
의 위계도 무시하면서 전복적인 에콜로지(ecology) 공동체를
형성했습니다.

디오니소스 축제 행렬의 장애인

디오니소스를 따르는 신자들의 인상착의에서 가장 두드러
진 건 "담쟁이 덩쿨과 참나무 가지와 꽃이 많은 메꽃 잎의 화
관"(703행)입니다. 에게해 연안 스미르나(현재 튀르키예 이즈
미르)에서 출토된 기원전 2세기 무렵의 테라코타(찰흙으로
만든 조각상) 중 담쟁이 화관을 쓴 장애인 조각상(**그림 8**)이 있

그림 8

척추후만증을 가진 난쟁이. 스미르나에서 출토된 테라코타 조각상, 기원전 2세기.

습니다.[3] 혹처럼 굽은 등과 돌출된 늑골은 전형적인 곱추 형상입니다.

상체에 비해 현격히 빈약한 팔다리는 난쟁이를 표현하는 상투적인 방식입니다. 그는 노래를 부르는지 환호성을 지르는지 입을 크게 벌리고 있습니다. 이 난쟁이 곱추의 신

---

3   Alexandre Mitchell, "The Hellenistic turn in bodily representations Venting anxiety in terracotta figurines", *Disability in Antiquity*, ed. Christian Laes, Routledge, 2017, p.187

체 특징 중 가장 두드러진 부분은 엄청나게 큰 성기입니다. 기원전 2세기 헬레니즘 문화는 조화롭고 균형 잡힌 남성의 신체를 이상적인 인간의 몸으로 추앙하고 대리석으로 우아하게 조각했습니다. 이런 이상적인 인체 조각과 대척점에 있는 기괴한 신체 조각상이 농촌과 하층민의 토속 신앙을 배경으로 만들어졌습니다. 이상적 신체 조각이 웅장한 크기의 대리석 조각인 것과 대조적으로 기형적인 신체상은 찰흙으로 만든 부적 인형에서 많이 발견됩니다. 액운을 막고 풍요를 비는 부적 인형 중 빈번하게 발견되는 것이 거대한 성기를 가진 난쟁이 곱추 테라코타입니다. 붉은 페인트로 칠한 흔적이 있고, 벽에 걸 수 있도록 작은 구멍이 뚫린 점도 이 난쟁이 곱추 인형이 주술적인 목적으로 사용되었음을 시사합니다.[4]

고대 인류는 불모의 액운을 막고 생식의 풍요를 기원하기 위해 거대한 남근상을 조각해 세웠습니다. 제주도의 돌하르방도 발기한 남근을 모자 쓴 할아버지로 순화해서 표현한 것으로, 한라산의 마고 할미와 짝지어 풍요로운 생식을 가져오도록 기원하며 만든 것이라는 얘기가 있습니다. 남근 신앙은 세계 곳곳에서 다양한 형태로 전승되었는데 소아시

---

4   ibid., p.187.

그림 9	그림 10
발기한 난쟁이와 사악한 눈을 묘사한 모자이크 장식. 안타키아 근처 제크메예의 '사악한 눈의 집', 기원전 2세기.	발기한 곱추를 묘사한 모자이크 장식. 안타키아 근처 제크메예의 '사악한 눈의 집', 기원전 2세기.

아와 그리스, 로마에서는 농촌 지역에 퍼진 디오니소스 신앙에 흡수되어 전승된 듯합니다. 디오니소스를 따라다니는 사티로스가 항상 남근이 발기된 상태로 묘사되는 것이 이를 방증합니다. 발기한 남근을 가진 난쟁이 곱추는 또한 담쟁이 화관을 쓰고 있습니다. 그것이 결정적으로 그가 디오니소스 신도임을 암시합니다. 헬레니즘 시대 그로테스크한 신체 테라코타를 연구한 알렉산드르 미첼(Alexandre Mitchell)은 담쟁이 화관이 디오니소스 신자의 표식이라고 합니다.[5] 그에 따

---

5   ibid., p.187.

르면 농촌의 디오니소스 신앙을 주도한 사람들은 늙은 노동
자들, 유랑하는 여자들, 그리고 소년 농부들이었습니다. 그들
은 디오니소스교 신자를 특징짓는 차림새를 했는데 가장 두
드러진 것이 담쟁이 화관입니다.

그런데 발기한 남근을 가진 난쟁이 곱추가 대체 어떻
게 액운을 막는다는 걸까요? 안타키아 남서쪽에 있는 로마
풍 별장의 현관을 장식한 모자이크 그림이 궁금증을 풀어 줍
니다. 높이 1.74미터, 너비 1.47미터 크기의 모자이크 그림(그
림 9)[6]에는 삼지창과 칼, 뱀과 전갈, 개와 표범, 까마귀와 지네
에 의해 공격받는 큰 눈이 그려져 있습니다.

이것은 액운을 가져오는 사악한 눈(evil eye)을 의미합
니다. 이 눈은 사람들의 행운을 훔쳐보고 질투하는 시선을
상징합니다. 우리 옛날 할머니들이 이쁜 손자를 보며 "아이
고, 이 못난이!"라고 어르는 것도 행복을 시기하는 사악한 눈
을 의식해서입니다. 섣불리 행운을 과시했다가는 사악한 질
투의 눈에 띄어 곧바로 액운을 불러온다고 믿은 거죠. 그 질
시의 눈이 꼭 초자연적인 악마의 눈이라고 생각할 필요는 없

6   Lisa Trentin, "The other Romans: Deformed bodies in the visual arts of
Rome", *Disability in Antiquity*, ed. Christian Laes, Routledge, 2017, p.236.

습니다. 나를 미워하는 사람이나 아니면 타인의 행복을 질투하는 불행한 이웃들의 눈일 수도 있습니다. 어쨌든 고대인들은 질투의 시선이 액운을 초래한다고 생각했습니다.

이 사악한 눈 왼쪽에는 벌거벗은 난쟁이가 걸어가고 있습니다. 그는 양손에 리듬 스틱을 들고 신나게 행진합니다. 축제 행렬을 이끄는 듯한 이 난쟁이의 엉덩이 뒤로 불쑥 튀어나온 남근이 보이나요? 꼬리같이 보이지만 남근입니다. 엉덩이 뒤로 튀어나온 남근은 사악한 눈을 공격하는 것처럼 보입니다.[7]

이 모자이크의 아래편에서 또 다른 모자이크가 발견되었는데 그 모자이크의 그림도 비슷합니다(**그림 10**). 로인클로스(바느질 안 한 천을 그대로 허리에 감아 입는 옷)를 입은 남자의 발기한 남근이 눈에 확 띕니다. 등에 큰 혹이 있고 하체가 짧은 것이 이 사람이 난쟁이 곱추임을 말해 줍니다. 그는 오른쪽 어깨 너머로 돌아보면서 관람자의 시선을 자신의 등에 튀어나온 혹으로 유도합니다. 그리고 양손에 리듬 스틱을 들고 힘차게 행진하고 있습니다. 난쟁이 곱추가 리듬 스틱을 들고 행진하는 모습은 실제로 디오니소스 축제 행렬의

---

7   ibid., p.236.

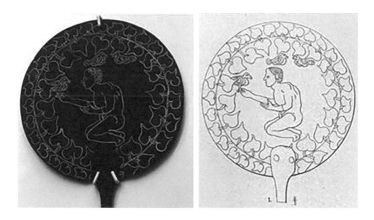

그림 11, 12

무릎 꿇은 절름발이가 조각된 거울, 기원전 1세기경.

한 장면일 수 있습니다.

이와 비슷한 그림을 타르키니아의 묘지에서 출토된, 기원전 1세기 무렵의 청동 거울에서도 볼 수 있습니다(**그림 11, 그림 12**). 이 거울 뒷면은 하트 모양의 담쟁이 잎이 화환처럼 디자인되어 있습니다. 화환 무늬의 중앙에 흉곽이 튀어나온 난쟁이 곱추가 벌거벗은 채 무릎 꿇고 앉아 있습니다. 양 다리 사이 남근은 발기해 있으며, 발끝이 뭉툭 잘린 것은 그가 절름발이임을 말해 줍니다.[8]

---

8   ibid., p.243.

이처럼 헬레니즘 시대와 로마 시대 초기 농촌 디오니소스 문화에 난쟁이 곱추 같은 장애인들이 등장했습니다. 이상적인 신체의 대척점에서 기형적인 몸을 가진 그들은 디오니소스 축제 행렬에서 화관을 쓰고 리듬 스틱을 흔들며 행진했습니다. 평상시 혐오와 조롱의 시선을 받았지만 디오니소스 축제 행렬 속에서는 사악한 시선에 맞서 당당히 발기한 신체를 드러냈습니다.

디오니소스 축제는 중세 기독교 문화에서도 이어졌습니다. 프리드리히 니체는 『비극의 탄생』에서 중세 시대 "성 요한제나 성 비투스제의 난무하는 이 군중에서 우리는 그리스인의 바쿠스제 합창단의 옛 모습을 엿볼 수 있다"[9]고 했습니다. 성 요한제는 세례자 요한의 축일인 6월 24일에 벌어지는 축제로, 집단적인 난무가 벌어졌다고 합니다. 치유 순교자 성 비투스의 축일인 6월 15일에도 축제 군중은 함께 춤추고 함성을 지르며 디오니소스적 충동을 발산했습니다.

> 노래하고 춤추면서 인간은 자신이 보다 높은 공동체의 일원임을 표명한다. 그는 걷는 것도 말하는 것도

---

9   프리드리히 니체, 『비극의 탄생』, 박찬국 옮김, 아카넷, 2007, 59쪽.

잊어버리고 춤을 추면서 허공으로 날아오르려 한다. 그가 마법에 걸려 있음이 몸짓에서 나타난다. 이제 동물들도 말을 하고 대지에는 젖과 꿀이 흐르는 것처럼 인간에게도 초자연적인 것이 울려 퍼진다. 인간은 자신을 신으로 느끼며, 그가 꿈속에서 신들이 거니는 것을 본 것처럼 이제는 그 자신이 황홀해지고 고양되어 거니는 것이다.[10]

니체가 도취된 듯 묘사한 디오니소스 신도들의 모습은 에우리피데스의 「바쿠스 여신도들」에서 전령이 펜테우스에게 묘사한 마이나데스의 모습과 흡사합니다. 펜테우스는 가부장제 국가 질서를 초월한 숲속의 초자연적 평화를 질투합니다. 숨어서라도 꼭 보고 싶다는 욕망에 사로잡힙니다. 디오니소스의 유혹에 이끌려 여장을 하고 숲속으로 간 펜테우스는 어떻게 되었을까요? 그는 커다란 전나무에 올라가서 몰래 마이나데스를 훔쳐봅니다. 오늘날 여성들의 전용 공간에 카메라를 설치해 훔쳐보는 남자들처럼 말이죠. 그러다 들켜서 그는 마이나데스들에 의해 끔찍한 죽임을 당합니다.

10   앞의 책, 61쪽.

디오니소스적 광기와 죄의 문제

마이나데스는 자기들끼리 있을 때는 야생동물과 어울려 원초적인 평화를 누립니다. 그러나 자신들을 박해하는 자들을 만나면 초인적인 힘으로 전쟁을 벌입니다. 마이나데스는 신적인 광기에 빠져 골짜기와 암벽을 뛰어넘어 펜테우스에게 돌진합니다. 그들은 전나무 꼭대기에 매달린 펜테우스에게 커다란 돌멩이와 나뭇가지를 집어던집니다. 여의치 않자 그들은 힘을 합쳐 전나무를 뿌리째 뽑아 버립니다. 펜테우스가 땅바닥에 떨어지자 일제히 달려듭니다. 펜테우스의 어머니 아가우에가 앞장서서 펜테우스의 사지를 잡아 뜯습니다.

> 그녀는 그분의 왼손 팔뚝을 잡더니 그 불행하신 분의
> 옆구리에 발을 올려놓고는 어깨를 뜯어냈소.
> 그것은 그녀 자신의 힘이 아니라, 신께서 그녀의
> 두 손에 힘을 주셨던 것이오.
> (에우리피데스, 「바쿠스 여신도들」, 1125~1126행)

마이나데스는 저마다 펜테우스의 조각난 몸을 한 쪽씩 나눠 갖고 다니다 숲속에 던져 버립니다. 펜테우스의 머

오이디푸스, 장애인 되다

리는 아가우에가 차지합니다. 아가우에는 아들의 머리를 티르소스에 꽂고 보란 듯이 돌아다니다가 왕궁으로 돌아옵니다. 궁전에 있던 카드모스는 손자의 머리를 들고 나타난 딸의 모습에 경악합니다. 그리고 광기에서 깨어난 딸에게 손에 든 게 뭔지 보라고 말합니다. 그제서야 아가우에는 자기가 들고 있는 것이 사자의 머리가 아니라 아들의 머리라는 걸 깨닫고 비명을 지릅니다.

이처럼 광기(환각)에 빠져 끔찍한 살육을 자행한 비극의 주인공이 또 있습니다. 소포클레스의 「아이아스」는 트로이 전쟁의 영웅 아이아스의 죽음을 그린 작품입니다. 아이아스는 전사한 아킬레우스의 무구를 자기가 아닌 오디세우스에게 준 그리스 장군들에게 분노합니다. 화가 치민 아이아스는 그리스 장군들을 죽이기로 결심하고 쳐들어갑니다. 그때 아테나 여신이 그를 미치게 하여 아이아스는 환각 상태에서 가축 떼를 장군들로 여기고 가축 떼를 도륙합니다. 정신 착란에서 깨어난 아이아스는 수치심에 빠져 땅바닥에 칼을 세우고 그 위에 엎어져 자살합니다.

에우리피데스의 「헤라클레스」도 비슷한 장면으로 끝납니다. 헤라클레스는 자기가 없는 사이 가족을 죽이려고 한 리코스를 때려죽입니다. 아내와 세 아들을 구해 내자마자 헤라클레스는 헤라가 보낸 광기의 여신 리사에 사로잡힙니다. 정신착란에 빠진 헤라클레스는 아내와 세 아들까지 마구잡이로 때려죽입니다. 정신착란에서 깨어난 헤라클레스는 수치심에 빠져 자살하려 합니다. 하지만 테세우스가 와서 헤라클레스를 위로하며 아테네로 데려갑니다.

아가우에, 아이아스, 헤라클레스가 보여 준 정신착란 상태의 살인은 신적인(디오니소스, 아테나, 리사) 힘에 의한 것으로 설명됩니다. 기원전 5세기 아테네 사회에는 이처럼 정신착란 상태에서 타인을 해친 사람이 드물지 않게 있고, 그 사람의 처벌 여부를 둘러싼 논쟁도 있었을 겁니다. 오늘날 형법 10조의 '심신상실 상태에서 범죄를 행한 사람에게는 형사 책임을 물을 수 없다'는 규정 같은 게 그때도 있었을까요? 소포클레스의 「콜로노스의 오이디푸스」에 이에 관한 논쟁이 나옵니다. 아버지인 줄 모르고 친부를 살해하고, 어머니인 줄 모르고 친모와 혼인한 오이디푸스는 자기 행위가 '부지 중에', '신의 간계'에 의해 일어난 일이기에 친부 살해와 근친상간의 죄가 성립되지 않는다고 주장합니다. 아테네에 민주정을 도입한 테세우스는 이성적 법리에 따라 오이디푸스의 무죄 주장을 받아들입니다. 반면에 테베의 권력자 크레온은 알고 했든 모르고 했든 오이디푸스가 행한 친부 살해와

오이디푸스, 장애인 되다

근친상간은 불경스럽고 혐오스럽기에 그를 추방해야 한다고 주장합니다.

에우리피데스의 「헤라클레스」에 등장한 테세우스도 신적(리사) 광기 속에서 저지른 살해에 대해 과도한 책임을 질 필요가 없다고 위로합니다. 「아이아스」의 아이아스는 자살로 귀결되지만, 그것은 죄의식 때문이 아니라 그리스 장군이 아닌 엉뚱한 동물을 죽인 것에 대한 수치심 때문입니다. 오늘날 정신장애인의 운명과 깊이 연관된 형법 10조의 논리, 즉 심신상실 상태의 범죄 행위에 대해서는 책임을 묻기 힘들다는 법리를 고대 아테네 사회도 갖고 있었던 듯합니다. 「바쿠스 여신도들」은 아가우에를 주인공으로 삼지도 않았고, 신적 광기에 빠져 행한 친족 살해에 대해 책임을 면해 주는 논리도 없습니다. 이것은 당시 아테네 사회에서 여성은 시민권이 없었고 따라서 법정에서 자신을 변론할 수도 없었기 때문일지 모릅니다.

이 비극의 주인공은 아가우에의 아들 펜테우스입니다. 펜테우스를 파멸로 이끈 요인은 디오니소스적 충동의 억압과 유혹입니다. 그것은 작가 에우리피데스 본인의 것으로 보입니다. 이 비극은 에우리피데스가 사망하고 일 년 후인, 기원전 405년에 상연했습니다. 당대에 이미 여성혐오론자로 유명했던 에우리피데스는 가부장제 질서를 위협하는 마이나데스를 혐오하는 동시에 두려워했습니다. 펜테우스처럼 말이죠. 죽음을 앞둔 에우리피데스는 디오니소스적 충동에 대한 자신의 투쟁이 무의식적 욕망의 억압에서 비롯된 허약한 신념에 불과했음을, 펜테우스의 운명을 통해 성찰한 것 같습니다.

3.
저항하는 자들의
운명애

아이스킬로스, 「결박된 프로메테우스」

디오니소스교는 그리스에서 두 방향으로 퍼져 나갔습니다. 시골에서는 겨울에 카니발 같은 축제를 여는 형태로, 아테네 같은 도시에서는 봄에 치러지는 디오니소스 제전으로 발전했습니다. 제전의 중심 행사는 디오니소스 찬가(디티람보스), 비극(트라고디아), 희극(코모이디아) 경연대회였습니다. 수많은 시민이 웅장한 규모의 극장에서 디오니소스를 찬미하는 노래와 연극을 감상하는 예술 행사로 발전한 거죠. 이 예술 행사에서 디오니소스 신을 경배하는 이유와 방식은 뭘까요? 어떤 노래를 부르고 어떤 극을 상연하면 관객의 영혼에 디오니소스를 경배하는 마음이 차오를까요?

비극은 디오니소스처럼 파괴적인 운명에 처한 인간의 모습을 상연했습니다. 그 파괴적인 운명을 회피하지 않고 '마치 원한 것처럼' 받아들이는 태도(운명애amor fati)로 디오니소스를 기쁘게 했습니다. 비극 작가들은 신들의 이야기를 다룬 헤시오도스의 『신통기』, 트로이 전쟁에 참전한 영웅들의 이야기를 다룬 호메로스의 『일리아스』, 『오디세이아』에서 비극적 운명의 소재를 가져왔습니다. 작가들은 널리 알려진 신화와 전설에 상상력을 더해 살을 입히고 자기 시대의 영혼을 불어넣어 비극을 창작했습니다.

디오니소스적 운명애를 가장 잘 보여 준 비극이 아이스킬로스의 「결박된 프로메테우스」입니다. 이 작품은 『신통기』의 유명한 티탄 신족 프로메테우스의 운명애를 그립니다. 그는 크로노스가 이끄는 힘센 티탄 신족과 지략이 뛰어난 제우스가 이끄는 젊은 신들 간의 전쟁에서 제우스 편을 들었습니다. 왜냐하면 "힘이나 폭력에 의해 승리가 얻어지는 것이 아니라 지략이 뛰어난 자들이 승리한다"(212~213행)고 믿었기 때문입니다. 하지만 올림포스 신전의 통치자로 등극한 후 제우스는 힘과 폭력으로 세상을 지배하려 했습니다. 제우스는 프로메테우스가 창조한 인간을 특히 미워해서 멸종시켜

그림 13

귀스타브 모로, 「프로메테우스」, 1868년.

버리려 했습니다. 명확한 이유는 안 나오지만 프로메테우스가 인간에게 준 불과 지혜가 제우스의 신정 체제를 위협한다고 생각했나 봅니다.

티탄 신족과 올림포스 신족 간의 전쟁(티타노마키아)에서도 그랬듯이 프로메테우스는 항상 힘을 앞세운 권력자보다 지혜로운 약자 편을 듭니다. 프로메테우스는 '미리'(pro) '생각하는 자'(metheus)라는 이름처럼 미래를 내다보는 지혜가 세상을 발전시킨다고 믿기 때문입니다. 프로메테우스의

3. 저항하는 자들의 운명애

동생 에피메테우스도 형을 따라 제우스 편을 들어 살아남았습니다. 미리(pro) 말하는 프롤로그(prologue)의 반대말이 '나중에 말한다'는 뜻의 에필로그(epilogue)잖아요. 에필로그의 접두사 '에피'(epi)는 '나중'이라는 뜻이 있어요. 그래서 에피메테우스는 형과 반대로 '나중에 생각하는' 성격을 지녔습니다. 여러분은 프로메테우스처럼 미리 생각하는 편인가요? 아니면 에피메테우스처럼 일단 시작하고 나중에 생각하는 성향인가요?

판도라의 희망과 헤파이스토스의 불

이 비극에는 나오지 않지만 '판도라의 상자' 이야기 들어 보셨을 겁니다. 『신통기』에 따르면, 제우스가 인간 종족을 망하게 하려고 에피메테우스에게 '판도라'라는 여자를 보냈습니다. 프로메테우스가 창조한 인간이 '미리 생각하는' 성향인데 반해 에피메테우스의 배필인 '판도라'는 일단 저지르고 '나중에 생각하는' 성향입니다. 이런 성향은 제우스가 예물로 딸려 보낸 '상자'(그 유명한 판도라의 상자)를 열 때 진가(?)를 발휘합니다. 제우스는 그 상자 안에 인간을 멸종시킬 온갖 질병과 악덕을 넣어 보냈는데, 프로메테우스의 '절대 열지 말라'

는 경고를 듣고서도 판도라는 호기심을 못 이겨 상자를 열었습니다. 그러자 상자 안에 있던 만악의 근원이 세상으로 나와 퍼져 버렸습니다. '나중에 생각하는' 성향인 판도라는 자기가 저지른 사태의 심각성을 뒤늦게 깨닫고 화들짝 상자를 닫았습니다. 그래서 미처 빠져나가지 않은 어떤 것이 상자 안에 남아 있다고 합니다. 그게 뭘까요? 네, 바로 '희망'입니다. 판도라의 상자에서 빠져나온 악덕 때문에 인간은 시련과 고통에 시달리게 되었고, 판도라의 상자 안에 남아 있는 희

그림 14

단테 가브리엘 로제티, 「판도라」, 1871년.

3. 저항하는 자들의 운명애

망 덕분에 고난 속에서도 삶을 지속하게 되었다죠.

「결박된 프로메테우스」에는 프로메테우스가 "인간의 마음속에 맹목적인 희망을 심어 놓았다"(250행)는 구절이 있습니다. 이 구절을 통해 제우스가 인간을 망하게 하려고 악한 것들을 가득 담은 판도라의 상자 안에 왜 희망이 들어 있는지, 그 희망이 판도라의 '나중에 생각하는' 성향 덕분에 상자 안에 남아 있다는 의미가 무엇인지 알 수 있습니다. 프로메테우스가 희망을 심어 놓았다는 구절을 통해 판도라의 상자 안에 희망을 넣은 것이 프로메테우스임을 짐작할 수 있습니다. 제우스의 의도를 미리 알고 제우스 몰래 가장 깊숙한 곳에 숨겨 둔 거죠. "인간의 마음속에" 심어 놓았다는 구절을 통해 판도라의 상자가 실은 인간의 '마음 상자'가 아닐까 짐작할 수 있습니다. 제우스는 인간들이 서로 치고 박고 싸우다 망하기를 바라며 시기, 혐오, 충족을 모르는 욕망 같은 악한 마음을 잔뜩 담아 보냈고, 판도라의 호기심이 악한 마음의 상자를 열어 악덕이 세상에 퍼지게 된 거죠. 미리 생각하는 프로메테우스가 그걸 예견하고 "인간의 마음속에" 희망을 심어 놓은 게 아닐까요. 희망은 불행이 퍼지고 나서 나중에, 항상 마지막에 절망의 심연에서 생겨나죠. 나중에 생각하는 판도라 덕분에 희망은 인간의 마음 깊은 속에 남아 절망에 빠져 죽지 않고 삶을 지속하게 만듭니다.

　프로메테우스는 희망과 함께 인간에게 불을 주었습니다. 원래 불은 헤파이스토스 신의 전유물로, 그는 불로 금속을 녹여 무기와 갑옷 등 온갖 도구를 만듭니다. 프로메테우스는 헤파이스토스의 불을 훔쳐다 인간에게 주었습니다. 불 덕분에 인간은 어둠과 추위와 맹수를 물리칠 수 있게 됐고, 헤파이스토스처럼 금속을 녹여 온갖 도구를 만들 수 있게 됐습니다. 프로메테우스 신화를 통해 고대 그리스인들은 불이 인류 문명의 원천이요 진보의 동력이라고 인식했음을 알 수 있습니다. 불과 희망 덕분에 인간은 제우스가 원하는 것처럼 멸종되지 않고 다른 어떤 동물보다 번성하여 신들도 부러워할 만한 문명을 건설했습니다. 제우스가 프로메테우스를 미워하는 것도 당연해 보입니다. 그래서 제우스는 프로메테우스를 그리스에서 멀리 떨어진 코카서스 산의 높은 절벽에 결박해 버렸습니다.

　대장장이 신 헤파이스토스에 대해서는 할 얘기가 좀 더 있습니다. 헤파이스토스는 올림포스의 신들 중 유일하게 장애를 갖고 있습니다. 고대 그리스인은 신도 인간과 같은 형태의 몸을 갖고 있다고 생각했습니다. 다만 인간의 몸과 달리 신들의 몸은 사멸하지 않고 완전하다고 믿었습니다.

인간이 바라는 이상적인 신체를 신에게 투사한 거죠. 그래서 올림포스의 신들은 모두 건장하고 아름다운 모습의 신체로 표현되었습니다. 헤파이스토스만 제외하고. 제우스와 헤라의 자식인 헤파이스토스는 절름발이에 기형적인 얼굴을 가진 장애인으로 태어났고, 그래서 올림포스에서 추방되었습니다. 고대 그리스 사회에는 기형아를 산골짜기에 갖다 버리는 관습이 있었습니다. 헤파이스토스 추방은 현실에 만연한 기형아 유기를 신화에 반영한 것으로 보입니다. 흥미로운 건 헤파이스토스가 불을 다루는 대장장이라는 겁니다. 이것도 소아마비나 전쟁, 재난으로 절름발이가 된 사람들 중 일부가 험하고 천한 대장장이 업을 맡았던 사회 현실을 반영한 것으로 보입니다.

헤파이스토스는 자신을 버린 어머니를 미워하는 마음으로 결박 장치가 있는 의자를 만들어 선물로 보냈습니다. 헤파이스토스 외에는 아무도 황금의자에 결박된 헤라를 풀어 줄 수 없어서 헤르메스가 가서 설득하기도 하고, 아레스가 가서 힘으로 윽박질러 보기도 했지만 헤파이스토스는 꿈쩍도 안 했습니다. 그때 디오니소스가 가서 포도주를 권했더니 헤파이스토스가 술을 마시고 기분이 풀어져 절뚝거리며 춤을 추었다고 합니다. 디오니소스는 거나하게 취한 헤파이

오이디푸스, 장애인 되다

그림 15

술에 취한 헤파이스토스를 나귀에 태우고 올림포스로 돌아가는 디오니소스. 아티카 적색상 도기, 기원전 430년경.

스토스를 나귀에 싣고 올림포스로 데려가 헤라의 결박을 풀어 주게 했습니다. 그 공로로 인간의 몸에서 태어난 디오니소스가 신의 반열에 올랐다고 합니다. 이 이야기는 디오니소스와 장애인의 친연성을 시사합니다. 고대 사회에서 헤파이스토스 같은 신체장애인은 집에서 추방되어 힘들고 천한 직종에 종사했으며 다른 소수자들과 함께 디오니소스 축제 행렬의 맨 앞에서 춤을 추며 행진했을 겁니다.

독재자에 저항하는 불굴의 의지

「결박된 프로메테우스」는 제우스가 보낸 '힘'과 헤파이스토스의 사슬로 절벽에 결박하는 장면으로 시작합니다. 제우스가 보낸 힘은 하나가 아니라 둘로, 크라토스(Kratos)와 비아(Bia)라고 불립니다. 크라토스는 '권력'을 뜻합니다. 데모크라시(democracy)가 뭔지 아시죠? '민주주의'라고 번역된 그리스어 데모크라티아(demokratia)는 데모스(demos)와 크라토스(kratos)가 결합한 말입니다. 돈도 없고 고귀한 신분도 없는 민중을 뜻하는 데모스와 권력을 뜻하는 크라토스가 합쳐져, 민중이 권력을 가진 정치체를 '데모크라티아'라고 부릅니다. 소수의 귀족들(aristo)이 권력(kratos)을 행사하는 귀족정은 '아리스토크라티아'(aristokratia)라고 부릅니다. 그러니까 '크라티아'란 정치적 힘, 정치권력을 뜻합니다. 크라티아가 말과 제도를 통해 형성되는 권력(힘)이라면, 신체의 완력과 무기를 통해 행사되는 폭력을 비아(bia)라고 부릅니다. 제우스는 올림포스 신정 체제의 절대 권력자로서 자기가 가진 정치권력과 물리적 힘으로 거인 프로메테우스를 포박하여 코카서스 산 절벽에 결박했습니다.

제우스는 헤파이스토스를 보내 쇠사슬로 프로메테우

오이디푸스, 장애인 되다

스의 두 팔을 바위에 붙들어 매고, 쇠고리로 두 다리를 꽁꽁 묶고, 양 옆구리는 무쇠 띠를 채웠습니다. 헤파이스토스는 프로메테우스에게 연민을 느끼지만 아버지 제우스가 무서워 어쩔 수 없이 날카로운 강철 쐐기를 프로메테우스의 가슴에 박았습니다. 프로메테우스는 높은 절벽 바위에 매달려 만인의 조롱거리가 되어 "곧추서서는 잠도 자지 못하고, 무릎도 구부리지 못한 채"(32행) 고통받고 있습니다. 신도 고통을 느끼냐고요? 네, 그리스의 신들은 몸을 갖고 있기 때문에 고통을 느낍니다. 아이스킬로스는 이 비극에서 프로메테우스가 겪는 고통을 꽤 구체적으로 묘사합니다. 왜냐하면 그래야 고통에도 꺾이지 않는 그의 의지가 돋보이기 때문입니다.

　　프로메테우스의 상황은 전형적인 신체형의 상황입니다. 신체형의 목적은 권력자에 도전한 죄인의 의지를 꺾어 잘못을 인정하게 만드는 것입니다. 어떻게 잘못했는지 말해보라는 코러스장(샘과 시내의 요정 역할을 하는 합창단의 우두머리)에게 프로메테우스는 "나는 의도적으로 잘못했고, 그랬음을 부인하지 않겠소. 인간들을 도와줌으로써 나는 고난을 자초했소"(266~267행)라고 말합니다. 마치 재판정에 불려나온 피고인처럼 프로메테우스는 자신의 절도 행위가 자유의지와 확신에 따른 행동이었음을 밝힙니다. 신체형을 가한 권력자가 제일 싫어하는 도전적 진술이죠.

이 작품은 결박된 프로메테우스와 그를 방문한 인물들 간의 대화로 전개됩니다. 먼저 강과 바다를 다스리는 티탄족 오케아노스가 방문합니다. 그는 프로메테우스를 동정하며 "분을 삭이고 지금의 고난에서 벗어날 방도를 찾으라"(315~316행)고 조언합니다. "불행 앞에서 물러서기는커녕 오만불손하게 큰소리쳤다가는"(320행) "지금의 불행에 다른 불행을 보태는"(321행) 결과를 초래할 거라면서 굴복을 권유합니다. 이에 프로메테우스는 제우스에 맞서다가 멸망한 티탄족 동료들을 언급하면서 "그대는 자신이나 구하시오"(374행), "나는 지금의 이 불행을 마지막 한 방울까지 다 마실 것이오"(375행)라며 불굴의 의지를 드러냅니다. 권력자에 굴복해 불행을 피하라는 오케아노스의 말은 프로메테우스가 지닌 초인적인 의지를 더욱 돋보이게 합니다. 오케아노스는 범속한 사람의 나약함을 대변합니다. 그는 프로메테우스의 불행을 위로하면서 "노여움에 병든 마음에는 말이 곧 의사"(378행)라고 합니다. 하지만 프로메테우스는 정당한 노여움을 "억지로 누그러뜨리려는"(380행) 위로의 말은 "헛수고이자 불필요하고 경솔한 선의일 뿐"(383행)이라고 받아칩니다.

오이디푸스, 장애인 되다

전철이나 버스에서 장애인을 불쌍한 눈으로 쳐다보는 사람들 있죠? 심지어 혀를 차면서 동정의 말을 함부로 내뱉는 사람을 만나면 어떤가요? 화난다고요? 장애인도 출근길 지하철을 타고 학교에 가고 일터에 가고 지역사회를 돌아다니고 싶다고 시위를 하면, 그런 사람들은 꼭 '이제 장애인에 대한 동정을 접겠다'며 적의를 드러냅니다. 고통과 고난에는 아무 가치가 없다고 여기고, 그로부터 벗어나기 위해서라면 변절과 굴종도 마다하지 않는 그런 사람들은 인간의 '선의와 악의'만 믿을 뿐 인간의 '의지'는 별로 믿지 않습니다. 어떤 위협과 고통에도 꺾이지 않는 의지는 평범함에서 벗어나는 것이고 스스로를 해칠 뿐 현명한 게 아니라고 생각합니다. 그래서 프로메테우스가 "경솔한 선의"는 헛수고이며 필요 없다고 쏘아붙이자 오케아노스는 "현명하면서도 어리석어 보이는 것이 가장 이득이 되니"(385행) 어쩔 수 없다며 범속한 선의를 변호합니다.

독재자의 몰락과 인간해방

오케아노스가 퇴장한 후 프로메테우스 앞에 '이오'가 쇠뿔 난 소녀의 모습으로 등장합니다. 이오는 강의 신 이나코스의 딸입니다. 제우스가 이오에 반해 구름 속에서 만났는데 늘 그렇듯 헤라가 남편의 바람을 눈치챕니다. 제우스는 헤라의 눈을 피하려고 다급하게 이오를 암소로 변신시킵니다. 암소가 된 이오는 고향에서 쫓겨나 정처 없이 떠돌아다닙니다. 헤라는 눈이 백 개 달린 아르고스를 소 치는 목자로 보내 이오를 감시하고, 제우스는 헤르메스를 보내 아르고스를 죽입니다. 하지만 이오는 다시 "신이 보낸 채찍인 쇠파리에 쫓겨 이 나라에서 저 나라로 돌아다니고 있습니다"(681행). 소한테는 목자의 감시보다 쇠파리가 더 괴롭다는 얘기죠.

제우스 때문에 언제 끝날지 모를 시련과 고통을 당한다는 점에서 이오는 프로메테우스와 같은 처지에 있습니다. 제우스가 권좌에서 물러나기를 바란다는 점도 같습니다. 다른 점은 고통을 대하는 태도입니다. 이오는 "날마다 고통당하며 평생을 사느니 단번에 죽어 버리는 편이 낫잖아요"(750행)라고 말합니다. 오케아노스와 마찬가지로 이오는 범속한 인간의 나약함을 대변합니다. 끝 모를 고통에 절망하는 이오에게 프로메테우스는 이렇게 말합니다.

죽음은 사실 고통으로부터의 해방일 수도 있지요.
하지만 지금 내 고난에는

오이디푸스, 장애인 되다

어떤 종말도 예정되어 있지 않아요.

제우스가 권좌에서 축출되기 전에는.

(아이스킬로스, 「결박된 프로메테우스」, 753~756행)

이오와 달리 프로메테우스는 운명에 대한 예지력을 갖고 있습니다. 이오는 자기 고난의 끝이 언제인지 몰라 절망하지만 프로메테우스는 그녀의 방랑과 고통이 이집트에서 끝나리라는 걸 압니다. 프로메테우스는 자신의 고통이 언제 끝날지도 압니다. 그것은 제우스가 권좌에서 물러날 때 끝납니다. 프로메테우스는 제우스가 "후회하게 될 결혼을 하게" 되어 "아버지보다 더 강한 아들을 낳게 될 것"(768행)이라고 예언합니다. 제우스가 아버지 크로노스를 권좌에서 끌어낸 것처럼 제우스도 "아버지보다 더 강한 아들"에 의해 권좌에서 물러날 거라고 암시합니다. 제우스의 축출에 관심 있는 이오가 "이런 운명을 막을 방도는 없나요?"(769행) 하고 묻자 프로메테우스는 "없어요. 내가 사슬에서 풀려나지 않으면"(770행)이라고 대답합니다. 이오가 "제우스가 원치 않으면 누가 그대를 풀어 주겠어요?"(771행)라고 묻자, 프로메테우스는 "그대의 자손들 가운데 한 명이 그렇게 하도록 되어 있소"(772행)라고 대답합니다.

신화에 따르면 프로메테우스가 예언한 "아버지보다 더 강한 아들을 낳"는 운명의 여자는 티탄족 여신 테티스입니다. 그 예언 때문에 제우스는 테티스에 대한 욕망을 포기하고 별 볼 일 없는 인간인 펠레우스와 테티스를 결혼시키고, 그로부터 트로이 전쟁의 영웅 아킬레우스가 태어납니다. 이오의 자손 중 결박된 프로메테우스를 구해 주는 사람은 헤라클레스입니다. 헤라클레스는 제우스가 알크메네의 남편으로 변신하여 낳은 아들입니다. 이 작품에서 프로메테우스는 제우스가 결혼하여 "아버지보다 더 강한 아들을 낳게 될" 여자의 이름을 끝까지 밝히지 않습니다. 그리고 자기를 풀어 줄 이오의 자손이 헤라클레스라는 것도 밝히지 않습니다. 그러면서 제우스와 두 여성(테티스와 알크메네)의 결혼 이야기를 이어 붙여 마치 하나의 이야기처럼 느끼게 만듭니다. 즉, 제우스가 어떤 여자와 결혼하여 "아버지보다 더 강한 아들"을 낳게 되는데, (아마 헤라클레스일) 그는 제우스를 권좌에서 물러나게 하고 프로메테우스를 해방시킬 거라고 예언하는 것처럼 들립니다. 아이스킬로스는 기존의 신화들을 이렇게 각색함으로써 제우스의 올림포스 신정 체제는 자기가 창조한 인간의 아들에 의해 무너지고 인간에 의한, 인간을 위한, 인간의 정치 체제가 지배할 것이라고 선언하는 듯합니다.

오이디푸스, 장애인 되다

디오니소스적 의지

이오에게 희망을 준 프로메테우스 앞에 헤르메스가 나타납니다. 그는 제우스를 권좌에서 물러나게 만들 결혼 상대가 누구인지 말하라고 윽박지릅니다. 프로메테우스는 자기를 풀어 주기 전에는 절대 말하지 않겠다고 버팁니다. 헤르메스는 제우스가 부과할 영원한 고통을 언급하며 자백을 강요합니다. 프로메테우스는 "나는 내 이 불행을 자네 종살이와는 결코 바꾸고 싶지 않네"(766행)라고 맞섭니다. 제우스에게 무릎 꿇고 사느니 차라리 제우스가 주는 고통을 달게 받겠다는 의지를 드러냅니다. 헤르메스는 어떤 회유와 협박에도 저항 의지를 꺾지 않는 프로메테우스에게서 "광기의 모습"을 봅니다.

그의 이 기도는 광기의 모습을
하나도 빠트리지 않고 다 보여 주는구나.
그의 광기는 나아질 징후가 전혀 보이지 않아요.
(아이스킬로스, 「결박된 프로메테우스」, 1055~1058행)

헤르메스가 본 프로메테우스의 광기는 어떤 걸까요?

3. 저항하는 자들의 운명애

프로메테우스의 인간에 대한 사랑과 독재자에 대한 저항 어디에 광기가 있는 걸까요? 열렬한 사랑과 불굴의 의지 자체는 광기가 아닙니다. 하지만 정도가 지나치면 '미쳤다'는 말을 듣습니다. 비극이 상연된 기원전 5세기 아테네 사회는 '절도'(節度)와 '합리성'을 중시했습니다. 사랑과 의지도 다른 합리성들과 조화를 이뤄 절도를 지킬 때 칭송받는 것이지, 한계를 넘어서면 광기로 보였습니다. 이 경우 프로메테우스가 위반한 합리성은 행복의 추구입니다. 당시 아테네인들은 행복 추구를 삶의 최고 목적으로 여겼습니다. 아무리 약자에 대한 연민과 독재자에 대한 저항이 정의롭다고 해도 그것이 자기와 타자의 행복을 해치는 지경이면 그 '과도함'은 광기로 보였습니다. 제우스가 부과한 고통으로부터 벗어날 기회가 프로메테우스에게는 있습니다. 제우스의 운명이 걸린 결혼 상대자의 정보를 알려 주기만 하면 제우스도 행복하고 프로메테우스도 고통에서 벗어날 수 있습니다. 하지만 프로메테우스는 행복을 거부하고 고통의 운명을 받아들입니다. 헤르메스의 눈에 그것은 실로 디오니소스적 광기로밖에 안 보입니다. 헤르메스는 프로메테우스가 겪을 고통의 운명을 이렇게 묘사합니다.

오이디푸스, 장애인 되다

아버지께서는 이 들쭉날쭉한 암벽을
천둥과 벼락의 화염으로 부수어
그대를 땅속 깊이 묻으실 것인데,
그러면 바위가 팔을 구부려 그대를 껴안게 될 것이오.
긴긴 세월이 지난 다음에야 그대는
햇빛으로 돌아오게 될 것이오.
그러면 제우스의 날개 달린 개가,
피투성이가 된 독수리가
게걸스럽게 그대의 몸을 큼직큼직한 고깃덩어리로
갈기갈기 찢게 될 것인데, 이 불청객은 날마다 다가와
그대의 까매진 간을 포식하게 될 것이오.
(아이스킬로스, 「결박된 프로메테우스」, 1016~1025행)

결국 프로메테우스는 그렇게 됩니다. 제우스의 벼락
에 맞아 프로메테우스는 바위와 함께 산산조각 나 암흑 속에
파묻힙니다. 그리고 다시 지상으로 돌아오면 제우스의 독수
리에 의해 온몸이 산산조각 나는 고통을 겪을 것입니다. 그
걸로 끝이 아니라, 조각난 몸은 밤새 다시 붙어 부활하고 낮
이면 독수리에 의해 쪼이기를 무한히 반복하게 됩니다. 프로
메테우스가 지닌 디오니소스적 면모가 여기서 확연히 드러

납니다.

디오니소스의 신성은 파괴와 재생의 영원회귀에서 비롯됩니다. 시골의 농민들이 디오니소스 축제를 겨울에 연 것도 디오니소스의 운명에서 겨울에 죽었다가 봄에 부활하는 자연의 생명력을 봤기 때문입니다. 아이스킬로스는 프로메테우스의 운명에서 디오니소스적 생명력을 발견했습니다. 디오니소스와 마찬가지로 프로메테우스의 몸도 제우스의 번갯불에 맞아 산산조각 났다가 부활하기를 반복합니다. 이 파괴와 부활의 영원회귀를 프로메테우스는 자신의 운명으로서 긍정합니다. 이런 디오니소스적 '운명애'는 권력자에 맞선 불굴의 저항 의지로 인한 것입니다.

예언의 무력함과 희망의 맹목성

현재는 괴롭지만 미래에는 좋아질 거라는 전망을 가질 때 불굴의 의지는 합리성을 갖춥니다. 프로메테우스의 의지는 그런 합리성을 초월합니다. 제우스의 불길한 결혼에 대한 정보를 주기만 하면 고통의 운명을 벗어날 수 있지만 프로메테우스는 그 기회를 포기하고 영원한 고통을 받아들입니다. 그에게 예견적 지식은 운명을 피하는 수단이 아니라, 피할 수 있

오이디푸스, 장애인 되다

음에도 마치 원했던 것처럼 받아들이는 '운명애'의 증거로 기능합니다. 이는 '예언은 운명을 바꾸지 못한다'는 그리스 비극의 명제를 가장 능동적인 형태로 보여 주는 사례입니다.

아이스킬로스의 「아가멤논」에 나오는 카산드라도 예언 능력이 있지만 그걸로 운명을 바꾸진 못합니다. 그녀는 트로이 왕국의 공주로, 아폴론의 사랑을 받아 예지력을 갖게 되었습니다. 하지만 아폴론의 입맞춤을 거절했다는 이유로 아무도 그의 예언을 믿지 않는 저주도 받았습니다. 카산드라는 트로이의 몰락에 관한 예언을 수차례 했지만 아무도 그녀의 예언을 믿지 않았습니다. 카산드라의 예언대로 트로이는 멸망하고, 그는 그리스 연합군 총사령관인 아가멤논의 애첩이 되어 아르고스로 옵니다. 카산드라는 아르고스 성문 앞에서 자신을 기다리는 죽음을 예견합니다. 아가멤논의 아내 클리타임네스트라가 남편 아가멤논과 함께 카산드라를 도끼로 쳐 죽이는 장면을 예견적 환각으로 본 겁니다. 그는 공포에 사로잡혀 아르고스의 장로들에게 앞으로 일어날 끔찍한 살인을 예고하지만 아폴론의 저주대로 아무도 그의 예언을 믿지 않습니다. 결국 카산드라는 자신의 운명을 예견하면서도 죽음의 운명이 기다리는 성문으로 들어갑니다. 사랑하는 조국 트로이의 운명을 따라. 다만 치명적인 일격으로 긴 고통 없이 편안한 죽음이기를 바라면서.

프로메테우스는 거인 신족이라서 그렇다 치고, 인간은 어떨까요? 프로메테우스는 인간에게 꿈을 해석해서, 새소리를 듣거나 짐승의 내장 상태를 보고, 짐승의 등뼈를 태워 미래에 일어날 일의 전조를 해석하는 기술을 가르쳤습니다. 그러나 이런 점술로 운명을 예견하고 피할 수 있다고는 생각하지 않았습니다. 프로메테우스는 인간을 만들 때 자신의 운명을 내다보지 못하게 만들었다고 분명히 말합니다.

> 프로메테우스: 나는 인간들이 자신의 운명을 내다보지 못하게 했지요.
> 코러스장: 그 병에 대해 그대는 어떤 약을 발견하셨지요?
> 프로메테우스: 그들의 마음 속에 맹목적인 희망을 심어 놓았지요.
> 코러스장: 그대는 인간들에게 큰 도움을 주셨네요.
> (아이스킬로스, 「결박된 프로메테우스」, 246~250행)

프로메테우스는 왜 인간이 자신의 운명을 내다보지 못하게 만들었을까요? 그 이유는 자신의 운명이 고통과 죽음으로 점철되어 있다는 예언에 "날마다 고통당하며 평생을

오이디푸스, 장애인 되다

사느니 단번에 죽어 버리는 편이 더 낫잖아요"(751행)라고 생각한 이오의 절망을 통해 짐작할 수 있습니다. 비극의 세계관에서 인간의 운명은 파괴와 죽음으로 얼룩져 있습니다. 그런 운명을 내다보게 된다면 많은 사람이 이오처럼 절망하고 생의 의지를 내려놓을 것입니다. 그래서 프로메테우스는 인간을 '위해서' 운명에 대한 무지를 선물로 주었습니다.

그러자 코러스장은 죽음과 고통에 사로잡힌 영혼의 병에 대해 어떤 약을 발견했는지 묻습니다. 프로메테우스는 '맹목적인 희망'(blind hope)을 인간의 마음 상자에 넣어 두었다고 답합니다. 판도라의 상자에 든 온갖 악한 마음들이 세상에 퍼져 나가 인간 사회를 절망에 빠뜨릴 때 마음속 깊이 남아 있는 희망으로 견뎌 내라는 거죠. 그런데 희망 앞에 '눈먼'(blind)이라는 수식어가 붙은 걸 주목해야 합니다. 비극의 세계관에서 '눈이 멀었다'는 것은 인간이 지닌 인식 능력의 유한성, 즉 인간은 신과 같은 예지력이 없다는 것을 상징하곤 합니다. 프로메테우스가 인간의 마음 상자에 숨겨 놓은 희망은 예견 능력의 결핍과 한 쌍입니다. 인간이 고통스런 운명을 만날 때 생의 의지를 내려놓지 않게 하는 것이 희망인데, 프로메테우스에 따르면 희망은 맹목적으로 갖게 되는 것입니다. 희망은 미래에 대한 예견적 지식에 근거해서 갖는

3. 저항하는 자들의 운명애

게 아닙니다. 오직 어떤 고통에도 꺾이지 않는 생의 '의지'에
만 근거합니다.

장판의 프로메테우스

「결박된 프로메테우스」를 보면 장판의 박경석 고장 샘이 떠
오릅니다. '이제, 신격화까지 하냐?'고 웃을 사람이 있을지 모
르는데 박경석이 신과 같다는 게 아니라, 프로메테우스적
인 저항 의지와 운명애를 그에게서 볼 수 있다는 얘기입니
다. 박경석을 왜 '고장' 샘이라 부르는지 아세요? 더 이상 노
들야학 '교장' 샘이 아니지만 그래도 교장 샘이라고 부르고
싶은 마음에 '고장' 샘으로 살짝 바꾼 것입니다. 워낙 오랫동
안, 1997년부터 2021년까지 무려 이십사 년간 노들야학 '교
장' 샘으로 불러 왔으니 그럴 만도 하죠. 그렇게 오랜 세월 교
장으로 장기집권(?)한 것은 그 자리를 물려줄 학생이 나서지
않아서입니다. 2021년 드디어 노들야학 교장의 십자가를 이
어서 지겠다는 학생이 나섰고 2021년 2월 25일 박경석은 노
들야학 교장의 직함을 내려놓을 수 있게 됐습니다. 박경석은
퇴임식에서 너무 길었던 교장 생활을 마무리하고 무사히 평
교사가 된 것이 인생의 가장 큰 자부심이라고 말했습니다.

오이디푸스, 장애인 되다

아무리 '교장'과 발음이 비슷하다고 해도 '고장'이 뭐냐, '정상적'인 신체 기능이 '고장 난 사람'이라는 장애 비하 표현이 아니냐고 힐난할 사람도 있을 텐데, 맞습니다. '고장' 샘이라고 불러 달라고 할 때 박경석은 스스로 '고장 난 사람', 즉 장애인으로 불리길 원한 겁니다. 성소수자들이 '퀴어퍼레이드'에서 '그래 난 괴상한 사람(queer)이다. 그게 뭐?'라고, 정신장애인들이 '매드 프라이드'(mad pride) 행진을 하며 '그래 난 미친 사람(mad)이다. 그게 뭐?'라고, 중증장애인 맞춤형 공공 일자리 노동자들이 '장애 프라이드' 행진을 하면서 '그래, 난 불구다. 그게 뭐?'라고 외치는 것과 비슷한 겁니다. 다수자가 소수자를 혐오할 때 쓰는 호칭을 소수자의 자긍심을 담은 호칭으로 다시 쓰는 거죠. 디오니소스 축제 행렬에서 난쟁이 곱추가 자신의 발기한 신체를 자랑스럽게 드러내는 것에서 기원한 이 '거울 반사' 전략은 (존재를 부정하는) 혐오의 호칭을 (존재를 긍정하는) 자긍심의 호칭으로 되돌려줌으로써 사악한 혐오의 시선을 퇴치하는 방법으로 사용되어 왔습니다. 박경석도 '그래 난 고장 난 사람이다. 그게 뭐?'라는 의미로 '고장' 샘이라고 부르라고 한 겁니다.

'고장'이란 호칭은 박경석의 또 다른 별명인 '어깨꿈'과도 호응합니다. 박경석은 자신을 소개할 때 '어깨꿈'이라는 별명을 자주 사용합니다. '어차피 깨진 꿈'의 줄임말이라는 소개와 함께 어렸을 적 꿈이 마도로스였던 건장한 청년 박경석이 대학생 때 행글라이더를 타다가 추락해서 하반신마비 장애인이 된 이야기를 들려주곤 합니다. 해군 장교가 되어 대양을 누비는 마도로스의 꿈, 행글라이더를 타고 창공 높이 나는 이카로스의 꿈이 1983년 어느 날 와장창 깨져 버린 비극을 소개하는 겁니다. 정상적인 신체 기능이 고장 난 사람이라는 뜻의 '고장' 샘처럼 '어깨꿈'이란 단어에도 '정상적'인 꿈이 '부서진 사람'이라는 자의식이 담겨 있습니다. 정상인의 신체도 고장나고 정상인의 꿈도 깨진 사람이라는 그의 별명에는 '그렇게 나는 장애인이 되었다'라는 정체성 인식이 들어 있습니다.

추락 사고로 하반신이 마비된 사태는 순간적으로 일어나지만 그것을 '장애'로 인식하기란 힘겨운 일이고, 시간도 오래 걸립니다. 바다를 누비고 창공을 가르는 꿈을 꾼 남자가 하반신이 마비된 사람이 되었습니다. 이 낙차는 그가 탄 행글라이더가 추락한 높이만큼 아득했습니다. 건장한 청년에서 중증장애인으로 '낙하'하는 방법을 알지 못한 박경석은 오 년 동안 스스로 방 안에 유폐된 채 고통조차 느낄 수 없는 무감각의 시간을 보냈습니다. 이런 '절망'은 박경석에게만 특

오이디푸스, 장애인 되다

이하게 나타난 것도 아니고 중도(후천성) 장애인만 겪는 것도 아닙니다. 태어날 때부터, 혹은 유아기 때 손상을 입은 사람들도 그 몸에 익숙한 자아가 꾸는 꿈과 비장애인들이 꾸는 꿈 사이의 아득한 격차에 절망하기 마련입니다.

박경석의 집안은 아버지가 교회 장로, 어머니는 권사인 독실한 기독교 집안이었습니다. 행글라이더 사고로 장애인이 된 사연을 얘기할 때마다 박경석은 교회 가자던 어머니의 손을 뿌리치고 경주 토함산에 오른 이야기를 합니다. 그렇게 엄마 말 안 듣다 장애인이 되어 스스로를 방 안에 가둔 박경석은 장애 때문에 자살할 수도 없었습니다.

> 죽는 방식을 골똘하게 생각했어요. 집에서 죽으면 어머니가 너무 슬퍼할 테니까 나가야 하는데 혼자서는 움직일 수가 없었어요. 그 당시엔 혼자서 휠체어에 올라타는 것도 엄두를 못 냈거든요. 어머니가 도와줘서 간신히 탔죠. 어떻게 하면 죽을 수 있을까 고민하다가 구체적인 실천에 들어갔어요. 교회를 가기 시작한 거예요. 나가는 방식을 알아야 되니까.[1]

1   홍은전, 「싸우는 인간의 탄생」, 『전사들의 노래』, 오월의봄, 2023, 281쪽.

얼핏 보면 이 이야기는 교회에서 하는 '간증' 같지 않나요? 일요 예배 가자는 어머니 말씀 안 들어서 장애인이 된 탕자가 교회를 통해 다시 세상에 나오게 되었다는 '은혜로운' 간증 같아요. 기독교는 장애인의 운명에 관해 익숙한 담론을 갖고 있습니다. 장애는 죄의 산물이지만 하나님의 구원에 이르는 속죄의 지름길이기도 하다는 이야기 말입니다. 이런 담론 속에서 기독교는 한편으로는 장애를 죄의 산물로 혐오하면서 다른 한편으로는 자선을 통한 구원의 대상으로 보호했습니다. 기독교는 장애인을 죄와 구원, 혐오와 자선의 양가성 속에서 사회 안의 외부 공간에 통합했습니다.

박경석은 교회에 가서 눈물로 회개하며 "하나님이 죄를 사해 주시면 영어 공부를 열심히 해서 미국에 선교사로 가겠다고, 목자가 되어서 하나님 말씀을 먹이는 사람이 되겠다"고 고백했습니다. 교회를 통해 영어책을 보내 준 여대생을 만나고─그 여성은 박경석의 쌍둥이 형의 아내가 됩니다─병원에서 특수교사로 일하는 여성을 만나 썸을 타고, 서울장애인복지관을 소개받아 전산(컴퓨터) 직업훈련을 받았습니다.

2   앞의 책, 263쪽.

오이디푸스, 장애인 되다

장애인복지관에서 박경석은 처음으로 '장애인들', 즉 '집단'으로서의 장애인을 만났습니다. 복지관에서 그는 불쌍한 장애인이 아니라 투쟁하는 장애인 박홍수와 정태수를 만났습니다. 처음에는 장애인이 '88서울장애자올림픽'을 거부하는 것도, 사사건건 복지관에 트집을 잡는 것도 이해할 수 없었습니다. 해병대 특수수색대 출신에 마도로스가 꿈이었던 신출내기 장애인 박경석은 여전히 '정상인'의 눈으로 세상을 봤습니다. 복지관에서 시키는 대로 장애 여성 한 명과 함께 방송국 카메라 앞에서 환한 미소를 지으며 재활 의지를 불태우는 장면을 연출하기도 했습니다. 박홍수, 정태수와 술 마시고 놀면서 박경석은 점점 장애인의 집단적, 사회적 운명을 깨닫기 시작했습니다.

복지관 전산과 수료 후 정태수는 장애인운동청년연합회에 들어가 본격적으로 장애인 인권운동을 시작했지만, 박경석은 재수학원을 거쳐 숭실대학교 사회복지학과에 입학했습니다. 1993년 정태수는 장애인운동청년연합회 산하에 노들야학을 만들어 박경석에게 함께하자고 제안했습니다. 하지만 취업 준비에 여념이 없던 박경석은 자기 대신 운동권 친구를 소개해 주었습니다. 그 운동권 친구는 대학도 휴학하며 의외로 노들야학에 열심이었지만, 박경석은 여전히 야학에서 필요할 때 운전이나 해 주는 방외자였습니다. 박경석은 그때까지도 '정상인'의 꿈을 포기하지 않았던 겁니다. 비록 몸은 손상됐지만 번듯한 직장을 구하는 꿈은 버리지 않았습니다. 한국장애인고용공단에 취업하고 싶어 일 년 동안 공단에서 실습하고 애걸복걸하기도 했지만 공단은 나이가 많다는 이유로 원서조차 받아 주지 않았습니다. 그다음 노들야학이 더부살이하던 정립회관(장애인복지관) 사무직에 지원했는데 거기서도 받아 주지 않았습니다. 취업이 여의치 않자 대학원에 갔지만, 공부는 안 하고 대신 노들야학 교사가 되어 장애인들과 술 마시고 어울리는 재미에 빠졌습니다.

투쟁하는 장애인의 운명애

그러다 번듯한 직장인의 꿈을 실현할 기회가 왔습니다. 복지관 시절 직업훈련 교사의 소개로 성남장애인복지관의 총무과장으로 일하게 됐습니다. 수완이 좋아 성과도 꽤 올렸습니다. 그는 직장에서 6시에 퇴근하자마자 허겁지겁 짐 챙겨서 노들야학으로 달려가 밤새도록 놀고 파김치가 돼서 아침 9시에 출근하는 이중생활을 했습니다. 관장이 처음에는 좋은 일 한다면서 칭찬하더니 나중엔 직장에 집중해 달라고

오이디푸스, 장애인 되다

요구했습니다. 선택을 해야 하는 상황이 왔습니다. 박경석은 심각하게 고민했습니다. 월급 받아서 가족을 부양한 유일무이한 기회를 놓치기 힘들었습니다. 무엇보다 어머니가 너무 기뻐하셨습니다. 아침마다 아들 신변 처리를 도와주고 문밖까지 나와 잘 다녀오라고 손 흔드는 어머니의 모습이 눈에 밟혔습니다. 그러나 박경석은 가슴 한 자락을 붙잡는 어머니의 손을 뿌리치고 노들야학을 선택했습니다.

　박경석이 자신의 별명을 '어차피 깨진 꿈'이라 소개하고 '엄마 말 안 들어서 장애인이 되었다'고 너스레를 떤 이유가 바로 이 선택의 순간에 있습니다. 꿈이 깨진 사람, 박경석은 그 선택의 순간 비로소 정상인의 꿈을 스스로 깨고 고장 난 사람이 됩니다. 그는 촉망받는 복지관 총무과장 자리를 버리고, 고장 난 사람들과 더불어 배우고 노는 노들야학을 선택했습니다. 박경석은 "그땐 몰랐지만 내 인생에서 가장 잘한 선택인 것 같아요"[3]라고 말합니다. 그 선택이 또다시 엄마의 마음을 아프게 하는 것일지라도 말이죠. 아니, 정확히 꿈이 깨진 사람을 선택한 순간 그는 또 한 번 엄마 말 안 들고 장애인이 됩니다. 십 년 전에는 일요 예배 가자는 엄마 말

3　　앞의 책, 272쪽.

안 듣고서 손상된 사람이 되었지만, 이번에는 엄마가 소망한 번듯한 직장인의 꿈을 스스로 깸으로써 비로소 '장애인'이 된 겁니다.

신체가 손상되었다고 저절로 장애인이 되는 건 아닙니다. '장애인'이 된다는 것은 인식의 문제이고, 그 인식은 사회적인 의미를 갖습니다. 어떤 사람은 스스로를 사회에서 쓸모없는 무능한(disable) 존재라고 여기면서 '장애인'이 되고, 혹은 복지 혜택을 받기 위해 장애인 '등록'을 함으로써 장애인이 됩니다. 하지만 전혀 다른 방식으로 장애인이 될 수도 있습니다. 박경석처럼 '정상인'의 꿈을 깨면서, 세상의 소망을 부수면서 장애인이 되는 겁니다.

박경석은 1996년 노들야학 교사 대표가 되고, 1997년에는 교장이 되었습니다. 이후 노들야학은 문해교육과 검정고시를 준비하는 야학인 동시에 장애인 고용촉진 걷기대회를 하고, 노동절 집회에 참여하고, 학대·비리 문제가 터진 장애인 거주시설의 민주화를 요구하는 대중운동 조직이 됩니다. 왜 야학이 수업만 하지 않고 집회와 시위까지 하냐는 안팎의 불만이 있었습니다. 하지만 야학에 오고 싶어도 이동수단이 없고 도와 줄 사람이 없어 오지 못하는 중증장애인들이 너무 많았습니다. 그래서 노들야학 학생들과 교사들은 교

오이디푸스, 장애인 되다

과서에 나온 문제보다 중증장애인의 삶을 가로막는 사회의 문제를 먼저 풀어야 했습니다. 2000년 노들야학 학생 이규식이 혜화역에서 리프트를 타다 떨어져서 크게 다친 사고가 있었습니다. 분노한 학생들은 서울시를 상대로 손해배상소송을 했고, 결국 이겨서 혜화역에 최초로 엘리베이터가 설치됐습니다. 2001년 오이도역에서 휠체어를 탄 노부부가 리프트를 타다 추락해서 남편이 사망한 사건이 발생했습니다. 노들야학은 더 이상 그런 사고를 참고 넘기지 않았습니다. 장애인도 버스 타고 지하철 타고 이동할 수 있게 대안을 만들라며 버스를 막고, 지하철 선로를 점거하며 외쳤습니다. 오랜 투쟁 끝에 지하철에 엘리베이터가 설치되고, 저상버스가 도입되고, 장애인 전용 특별교통수단이 도입됐습니다. 그 투쟁의 과정에서 '이동권'이라는 전에 없던 개념이 발명되어, 2005년 '교통약자이동편의증진법'이 제정될 때 법률 조항으로 규정됐습니다.

　이동권 투쟁을 이끈 박경석은 이후 장애인이 받는 모든 사회적 차별에 저항하는 대중운동 조직 '전국장애인차별철폐연대'(이하 전장연)를 만들어 노들야학과 단단히 연결했습니다. 노들야학과 전장연은 2006년부터 장애인의 일상생활을 지원하는 활동지원사 제도를 요구하며 또다시 끈질기

게 싸웠고, 기어이 활동지원사 제도를 만들어 냈습니다. 이동할 수단이 생기고 활동지원사의 도움으로 일상생활이 가능해지자 더 이상 거주시설에서 살기 싫다는 장애인들이 나왔습니다. 그들은 탈시설 장애인의 주거 지원과 자립생활 지원을 요구하며 노들야학이 있는 대학로 마로니에 공원에 농성장을 만들었습니다. 처절하고 끈질긴 투쟁을 벌인 끝에 탈시설 장애인을 위한 주거 지원과 자립 지원 제도가 만들어졌습니다. 그들 중 상당수는 노들야학 학생이 되었습니다. 시설에서 나와 활동지원을 받고 학교를 다니더라도 일자리가 있어야 안정적으로 자립할 수 있습니다. 그래서 박경석과 노들야학은 중증장애인이 잘 할 수 있는 장애 인식 개선 교육, 문화 예술 활동, 유엔장애인권리협약에 명시된 장애인의 권리를 홍보하는 권익옹호 활동을 공공일자리 노동으로 보장하라고 투쟁했습니다. 이 투쟁은 '노동능력 없음'으로 정의된 '장애'(disability) 개념을 바꾸는 동시에 중증장애인이 잘 할 수 있는 활동을 '노동'(labour)으로 인정함으로써 자본주의적 노동 개념도 바꾸는 의미를 가집니다. 역시 집요한 투쟁 끝에 지자체에 간접고용된 일부 중증장애인들이 공공일자리에 참여하여 노동자의 삶을 영위하고 있습니다.

노들야학 교장이자 전장연 공동대표로서 박경석은

오이디푸스, 장애인 되다

놀라운 투쟁력과 불굴의 의지로 진보적 장애인 운동을 이끌었습니다. 지금까지 장애인들은 권력자가 베푸는 시혜와 동정에 의지해 살아왔지만 박경석은 동정을 장애인의 권리를 옥죄는 사슬로 인식했습니다. 프로메테우스가 신의 전유물인 '불'을 훔친 것처럼 그는 비장애 시민의 전유물인 '권리' 의식을 훔쳐서 장애인 운동을 '권리' 찾기 운동으로 전환했습니다. 동정의 대상이던 장애인들이 권리의 주체로 나서자 '정상인'들의 혐오와 권력자의 탄압이 극심했습니다.

박경석과 그를 따르는 중증장애인들은 프로메테우스처럼 비타협적으로 정상 권력에 저항하는 투쟁을 조직했습니다. 집회와 시위로 요구안과 의지를 선보이고 정부의 시혜적인 말과 복지 혜택에 적당히 타협하는 관성적인 운동은 하지 않았습니다. 지하철 선로에 뛰어들고, 한강대교의 버스를 막아 세우고, 자기 몸을 쇠사슬로 동여매고, 목숨을 건 단식 투쟁을 했습니다. 2022년부터는 일 년 넘게 지하철 타기 직접행동으로 소위 '선량한 시민들'의 온갖 욕설과 비난을 자초하고, 경찰에 의해 꼬리 칸에서마저 내쳐져 '문명의 열차'에 탑승 불가한 '비문명인' 취급을 받았습니다. 헤르메스라면 박경석의 비타협적인 의지에서 프로메테우스의 광기를 보았을 것입니다.

저는 박경석의 '비타협성'이 그의 '운명애'와 맞닿아 있다고 생각합니다. 그가 투쟁의 현장에서 "엄마 말 안 듣고 장애인이 되었다"라고 말하며 "어차피 깨진 꿈"을 이야기할 때 그것은 다시는 '정상인'의 꿈을 꾸지 않겠다, 그 꿈에 장애인의 운명을 맡기지 않겠다는 의지의 표명입니다. '정상성'의 이름으로 작동하는 권력에서 해방되는 만큼, 장애인의 운명을 정상인의 시야 바깥으로 이동시키는 만큼, 동정의 대상에서 권리의 주체로 변신하는 만큼 박경석과 함께 고장 난 사람들은 스스로 '장애인'이 되어 갔습니다. 박경석이 자신은 투쟁을 사랑한다고 할 때 그것은 투쟁을 통해서 비로소 장애인의 운명을 사랑하게 되었다는 의미입니다.

내 인생을 망치러 온 나의 구원자

노들야학은 이상한 학교입니다. 삶과 교육이 마구 뒤섞이고, 집회와 수업과 노동이 동시에 이뤄지는 곳입니다. 노들을 졸업한 학생의 수보다 노들을 거쳐 간 교사의 수가 훨씬 많은 것도 특이한 점 중 하나입니다. 노들야학의 교사가 되려면 6개월간 수업 참관과 교사 회의, 교사 세미나의 수련 과정을 마쳐야 합니다. 그렇다고 임금을 받느냐? 놀랍게도 노들야학 교사는 임금을 받지 않습니다. 그럼에도 수많은 사람이 교사로 와서 박경석 교장을 따라 중증장애인들과 함께 배우고 싸우며 살다 떠났습니다.

그건 주류의 인생, 번듯한 정상인의 꿈과는 멀어지는 길입니다. 정상성의 척도와 가장 먼 거리의 중증장애인들과 뒤엉켜 살며 다른 어떤 사회운동보다 과격하고 급진적인 운동에 뛰어드는 건 분명 '인생을 망치는' 짓일지 모릅니다. 그럼에도 많은 젊은이가 박경석을 따라 장애인의 운명에 휘말린 건 무엇 때문일까요? 그건 주류사회의 꿈이 줄 수 없는 해방감, 전에 없던 세상을 창조하는 희열 때문입니다. 십삼 년간 노들야학 교사였던 홍은전 작가는 "그런 일은 힘들지 않나요? 뭐가 그렇게 기뻐요?"라는 질문에 이렇게 답했습니다.

"음… 그러니까… 사랑에 빠졌다고요. 아침에 눈 뜨자마자 웃음이 났어요. 세상이 다르게 보였어요. 다시 태어난 것처럼. 이 사람들과 함께라면 사는 게 하나도 무섭지 않을 것 같았어요. 무엇이 그렇게 재미있었냐고요? 전부 다요. 날이 좋아서, 날이 좋지 않아서, 날이 적당해서, 모든 것이 좋았습니다. 그런 사랑, 해 보셨을 거잖아요?"[4]

그리고, 노들야학과 사랑에 빠진 교사들이 박경석에게 가지는 마음을 이렇게 회고합니다.

수업을 마친 뒤 늦은 밤 술자리에 둘러앉은 활동가들은 시답잖은 하소연을 늘어놓다가 어느샌가 박경석 교장의 뒷담화를 하기 시작한다. 진짜 욕하고 싶은 사람은 각자의 가슴속에 꽁꽁 숨겨 두고 만만한 경석을 걸고 넘어지는 것이다. 교장 샘은 너무 욕심이 많아. 맞아. 너무 쓸데없는 데서 고집을 부린다니까. 맞아! 노들은 지구를 지킬 수 없다고. 맞아!!!
어느덧 새벽이 되면 짜증과 원망을 한껏 토로한 사람들은 좀 너그러워져 있다. 누군가 이렇게 말하는 것이다. 그래도 교장 샘 귀엽잖아. 그렇지. 갑자기 분위기 전환된다. 그래도 교장 샘만큼 사심이 없는 사람도 없어. 그렇지. 박경석만큼 끝까지 책임지는 사람도 없어. 그렇지. 노들은 지구를 지킬 수도 있지 않을까? 그럼. 그렇게 속죄하듯 경석에 대한 애정과 신뢰를 표현하다가 '그만한 사람 없다'로 마무리한 뒤 헤어진다.

4   앞의 책, 249쪽.

그리고 다음 날. 어김없이 술자리가 만들어지고 언제 그랬냐는 듯이 교장 선생님의 뒷담화를 하다가 거짓 말처럼 회개하고 또 사랑과 존경으로 마무리. 다음날 도, 다음날도, 다음날도.[5]

2021년 박경석은 이십사 년간의 교장 생활을 마무리 하고 무사히 평교사가 되었습니다. 활동가들이 박경석의 교장 퇴임식을 정성스럽게 마련했는데, 제목을 정말 찰떡같이 잘 붙였습니다. '내 인생을 망치러 온 나의 구원자', 박경석을 향한 교사들의 분열하는 마음을 절묘하게 연결한 뜨겁고 애틋한 헌사죠. 이 문구는 박찬욱 감독의 영화 「아가씨」의 캐치프레이즈로 사용된 것입니다. 영화는 돈 많은 귀족의 딸 히데코와 그의 인생을 망치러 온 숙희의 사랑을 그린 것으로, 두 사람은 서로를 속이기 위해 만났지만 치명적인 사랑에 빠져 그들을 지배한 남자들의 손아귀로부터 서로를 구원하게 됩니다.

---

5   홍은전, "내 인생을 망치러 온 나의 구원자, 박경석", 비마이너, 2021년 11월 29일. (https://www.beminor.com/news/curationView.html?idx-no=22408)

'구원자'라는 단어가 암시하듯 이 문구는 억압받는 이들의 메시아 신앙에서 기원한 말입니다. 예수를 따르던 사람들, 특히 여성들과 가난한 이들은 예수가 인도하는 다른 세상에 대한 사랑에 빠져 가정과 세속적인 인생을 버리고 나섰습니다. 그런 메시아 신앙의 기원에 디오니소스교가 있습니다. 「바쿠스 여신도들」에서 그려진 것처럼 디오니소스야말로 '내 인생을 망치러 온 나의 구원자'로 사랑받은 첫 번째 메시아였습니다. 디오니소스는 여성을 비롯해 가부장제 국가체제에서 억압된 소수자들의 욕망을 해방시켰습니다. 디오니소스적 해방은 그들을 소외시킨 인생의 가치와 정상성의 꿈이 부서지면서 시작되는 것이었습니다. 가정을 버리고 직장을 버리고, 정상성의 가치와 지배자의 도덕을 부수고 나온 이들은 디오니소스를 따라 춤추고 환호하며 만들어 가는 다른 세상에 도취되었습니다.

박경석 교장의 퇴임식 제목으로 '내 인생을 망치러 온 나의 구원자'가 찰떡같이 와닿은 것은 그가 이끈 장애해방운동이 디오니소스처럼 '정상성'의 가치체계를 근저에서 무너뜨리는 치명성과 급진성을 갖기 때문입니다. 그 제목은 장애인의 운명을 고장 난 인생, 어차피 깨진 꿈이라며 광인의 웃음으로 긍정하는 박경석에게 썩 어울리는 문구입니다.

오이디푸스, 장애인 되다

4.
오이디푸스,
장애인 되다

부은 발의 수수께끼

그리스 비극 중 가장 유명한 작품이 소포클레스의 「오이디푸스 왕」입니다. 그동안 이 비극에 대한 무수한 비평과 해석이 양산되었는데 주로 '인간'의 '근원적' 문제를 탐구했다는 담론에서 크게 벗어나지 않습니다. 친부 살해와 근친상간을 다루고 있어서 그런가 봐요. 모든 인간의 태생적 근원이 아버지와 어머니이니까요. 친족관계 상의 금기와 위반에 집중하다 보니 주로 인류학과 정신분석학의 인간학적 해석이 많습니다. '인간'의 '근원적' 문제에 천착하면서 정작 이 비극이 '장애인' 문제를 '정치적' 맥락에서 다루고 있다는 사실은 거의 조명되지 않았습니다.

'오이디푸스'는 이 비극의 주인공 이름입니다. 그 이름은 '부은(oedi) 발(pus)'을 뜻하는 단어로, 남미의 인디언들이 '주먹 쥐고 일어서'처럼 유아의 특징을 이름으로 삼은 것과 비슷합니다. 갓난아기였을 때 발목이 몽둥이처럼 부어 있어서 '부은 발'이라는 이름을 갖게 된 겁니다. 소아마비 환자에 대해 잘 아는 의사나 이집트의 미라에 관심 있는 사람이라면 아마 '오이디푸스'(부은 발)라는 이름에서 곤봉발(club foot)을 떠올릴 겁니다. 이집트 미라들 가운데 기형적으로 뒤틀리거나 곤봉 모양으로 변형된 발목뼈를 간혹 볼 수 있습니다(그림 16). 투탕카멘의 미라도 몽둥이 모양의 발을 갖고 있습니다.[1]

오늘날에도 소아마비나 그 외 선천성 질환으로 천 명당 한두 명 정도에서, 특히 남자아이한테 자주 발견되는 발목 기형은 고대 사회에서도 드물지 않게 지체장애로 이어졌을 겁니다. 오이디푸스 이야기를 알고 있는 사람이라면, 그건 친부모가 버릴 때 두 발목을 꿰뚫어 동여매서 그렇게 된 거

---

1   Rosalie David, "Egyptian medicine and disabilities: from pharaonic to Greco-Roman Egypt", *Disability in Antiquity*, ed. Christian Laes, Routledge, 2017, p.75.

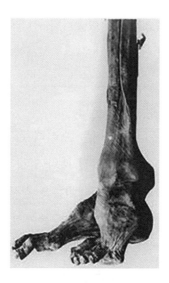

그림 16

1905년 시타 왕(기원전 1206~1198년)의 미라를 개봉했을 때 왼쪽 다리와 발에서 선천성 곤봉발(talipes equino-varus)로 보이는 기형이 발견됐다. 이후 방사선 검사에 의해 신경 근육 질환, 아마도 소아마비일 가능성이 확인됐다. 카이로 박물관 소재.

라고 반박할 겁니다. 선천성 기형이 아니라 유기될 때의 상흔이라는 거죠. 글쎄요, 고대 그리스 사회는 신생아를 유기하는 관습으로 유명합니다. 아기가 태어나면 며칠 두고 본후 기형이 없으면 그제야 자식으로 인정하고 이름을 붙여 주었습니다. 여자라고 버리고, 사생아라고 버리는 경우도 많았습니다. 만약 아기에게 곤봉발과 같은 선천성 기형이 있으면 어떻게 했을까요? 네, 버렸습니다. 신생아를 버리는 골짜기가 따로 정해져 있을 정도로 많은 신생아가 버려졌습니다. '오이디푸스'(부은 발)란 이름은 분명 이런 신생아 유기의 관습과 결부된 장애의 표식입니다.

선천적이든 후천적이든 오이디푸스는 발에 장애가 있었습니다. '부은 발'은 버려질 때의 일시적 상흔으로 치부하고 넘어갈 사안이 아닙니다. 이름은 평생 가는 건데 갓난아기 때의 일시적 상흔으로 이름을 붙이겠습니까? '부은 발'은 오이디푸스의 일생에 따라붙는 장애의 표식입니다. 오이디푸스 이야기를 아는 사람이라면, 스핑크스의 수수께끼도 알 겁니다. 인간 여자의 머리에 사자의 몸통을 가진 이 괴물은 길 가는 나그네를 상대로 수수께끼 시합을 하는 걸로 유명합니다. 못 맞추면 나그네가 죽고 맞추면 스핑크스가 죽는, 그야말로 목숨을 건 내기를 즐긴 거죠. 스핑크스가 테베에 나타나 사람들을 해치자 테베의 왕 라이오스는 델포이로 신탁을 들으러 갔다가 죽었습니다. 그때 정처 없이 방황하던 오이디푸스가 스핑크스를 만나 수수께끼를 풀었습니다. 스핑크스를 물리쳐 테베를 구원한 대가로 마침 비어 있던 왕좌를 물려받아 테베의 왕이 된 것입니다.

스핑크스가 낸 수수께끼가 뭔지 아세요? 아침엔 네

오이디푸스, 장애인 되다

발로 걷다가 낮에는 두 발로 걷고, 저녁이 되면 세 발로 걷는 데, 발의 개수가 많을수록 약한 존재는? 네, 정답은 '인간'입니다. 인생의 아침인 유년기에는 네 발로 기어 다니고, 인생의 한낮인 청장년기엔 두 발로 걷고, 인생의 황혼기 노년엔 지팡이까지 합해서 세 발로 걷기 때문이죠. 재미있다고요? 하하! 그런데 왜 다른 사람들은 아무도 못 맞혔을까요? 테베에는 지혜롭기로 신 다음 간다는 테이레시아스도 있었는데 왜 그 예언자조차 스핑크스의 수수께끼를 못 푼 걸까요? 하고 많은 사람들 중에서 왜 하필 갈팡질팡 방황하던 오이디푸스만 그 답을 맞힐 수 있었던 걸까요? 그만큼 지혜로우니까? 흠, 그 답은 재미도 없고 근거도 없는데요. 오이디푸스가 지혜로운 사람이라는 얘기는 그전에 없었거든요. 오히려 오이디푸스는 성미가 급하고 화를 잘 내는 성격으로 유명합니다.

질문을 조금 비틀어 보죠. 다른 사람들이 스핑크스라는 괴물이 낸 수수께끼의 답을 세상 한구석에 숨어 있을 '괴물'에게서 찾으려고 애쓸 때, 왜 오이디푸스만 '인간'인 자기 안에서 답을 찾을 수 있었을까요? 왜 그는 인간이야말로 스핑크스의 수수께끼 안에 숨은 괴물임을 단번에 알아맞힌 걸까요? 그 수수께끼는 인간의 무엇에 관한 질문이죠? 네, 보행 방법에 관한 질문입니다. 네 발로 기고, 두 발로 걷고, 지팡이

4. 오이디푸스, 장애인 되다

그림 17

스핑크스로부터 수수께끼를 듣는 오이디푸스. 아티카 적색상 도기, 기원전 480~470년경.

에 의존해서 걷는 보행에 관한 질문이죠. 그런데 오이디푸스의 이름이 무슨 뜻이라고요? '부은 발'입니다. 오이디푸스는 매 순간 일상 속에서 몽둥이처럼 부은 발과 그로 인한 보행의 장애를 신경 쓰며 살아왔을 겁니다. 그러니 사람의 발에 대해, 보행의 장애에 대해 누구보다 잘 알고 있었고, 발의 개수와 보행장애(약함)의 연관성에 관한 수수께끼를 풀 수 있었죠. 지혜로워서가 아니라 장애가 있기 때문에 수수께끼를 풀 수 있었던 겁니다.

오이디푸스, 장애인 되다

비극의 시작은 혐오

이 비극은 전염병의 소식으로 시작합니다. 테베의 왕 오이디푸스에게 늙은이들이 찾아와 사람들이 죽어 나가고 만물이 불임으로 사그라든다며 나라를 전염병에서 구해 달라고 하소연합니다. 오이디푸스는 안 그래도 그 때문에 신탁을 들으려 처남인 크레온을 델포이로 보냈다고 대답합니다. 보낸 지 꽤 됐는데 예상보다 늦게 와서 의아해하는 찰나 크레온이 돌아옵니다.

크레온은 "이 땅에서 자라는 오욕을 나라에서 몰아내라. 치유할 수 없을 때까지 품고 있지 말라"(97~98행)는 신탁을 전했습니다. 오이디푸스 왕은 "우리를 오염시킨 것이 무엇이고, 어떻게 정화하라고 하시던가?"(99행)라고 묻습니다. 전염병의 원인을 '오염'으로, 해결을 '정화'로 보는 사고방식을 주목해 주세요. 고대 사회는 전염병을 땅과 공기의 오염으로 보고, 오염을 정화하는 것을 치유로 이해했습니다. 세균과 박테리아와 바이러스가 발견된 오늘날에도 전염병을 이해하는 방식은 오염과 정화의 구도를 벗어나지 않습니다. 그런데 델포이의 아폴론 신전에서 신의 말(신탁)을 전하는 무녀는 오염의 원인이 어떤 '물질'이 아니라 '사람'이라고 말합

　　　　　　　　　　　　4. 오이디푸스, 장애인 되다

니다. 나라를 오염시킨 사람이 있다는 겁니다. 그 사람이 나라를 오염시켰으니 그 사람을 찾아 추방해야 나라가 정화된다고 합니다.

그게 오늘날의 의료적 관점과 다른 점입니다. 그런데 얼마나 다를까요? 오늘날에는 그런 생각이 없을까요? 2020년 코로나19 바이러스가 엄청난 속도로 퍼져 나갈 때 사람들은 즉각 전염병을 퍼뜨린 '사람'을 찾으려고 혈안이 되었습니다. 언론은 대중들의 공포에 부응해 '중국 사람', '신천지' 신도, 혹은 폐쇄병동의 정신질환자를 오염원으로 지목했고, 첨단 감시 장치를 동원하여 전염병을 옮긴 사람들을 색출해 추방(격리)하는 데 몰두했습니다. 요즘 '혐오'라는 단어가 유행처럼 많이 쓰이죠? 사회의 소수자들을 혐오의 감정으로 대하는 대중심리의 기원이 바로 이겁니다. 전염병 상황만이 아니라 정치적 혼란, 경제 불황, 사회적 재난 상황에서 대중의 불안을 특정한 사람이나 소수자를 향한 혐오로 집중시켜 그들을 추방해야만 나라를 구할 수 있다고 선동하는 것이 혐오를 정치에 동원하는 방식입니다. 「오이디푸스 왕」의 첫 장면이 바로 '혐오의 정치'라고 부르는 현상의 기원이자 원형이라 할 수 있습니다.

혐오의 정치사에서 가장 유명한 것이 나치의 유대인

오이디푸스, 장애인 되다

학살입니다. 나치가 왜 유대인을 학살했는지 아세요? 복잡한 이야기의 핵심에 '저들' 유대인이 '우리' 독일 민족을, 나아가 세계 '전체'를 오염시켜 재난을 일으키고 있다는 혐오의 감정이 있습니다. 그 재난의 오염원을 독일에서 추방하고 유럽에서 추방하고 최종적으로는 세상에서 추방해야(절멸시켜야) 독일 민족과 인류 전체가 위기에서 구원받을 수 있다는 겁니다.

그런데 나치 독일은 유대인을 절멸시키기 전에 먼저 장애인을 집단 수용하고 가스실에서 불태웠습니다. 베를린 티어가르텐 4지구의 우생학 연구소에서 입안되어 'T4'라는 약칭을 갖게 된 이 학살 정책으로 수십만 명의 정신적, 신체적 장애인들이 집단 수용되어 가스실에서 불타 죽었습니다. 나치가 내세운 논리는 단순합니다. 그 불치의 유전성 질환자들이 독일 민족의 유전자를 오염시키고 있다는 겁니다. 살 가치가 없는 그들을 먹여 살리느라 독일의 건강한 노동자들이 허리 휘어 가며 낸 세금이 불필요하게 낭비되고 있다는 겁니다. 진화와 유전자라는 과학의 언어를 동원해 자행한 학살은 「오이디푸스 왕」의 첫 장면부터 이어져 온 혐오정치의 극단적 실천입니다.

'테베를 오염시킨' 사람은 누구일까요? 네, 이미 알고 있거나 벌써 짐작했을 겁니다. 바로 오이디푸스 자신입니다. 오이디푸스는 '부은 발'의 장애를 가진 사람이라고 했죠. 그러니까 이 비극은 나라를 오염시켜서 추방당한 장애인에 관한 이야기라고 할 수 있습니다. 미리 결말까지 말하면 어쩌냐고요? 이 비극은 그래도 괜찮습니다. 왜냐하면 이 비극의 플롯은 '어떤 일이 벌어질 것인가?' 하는 궁금증이 아니라 '그일이 어떻게 밝혀질 것인가?' 하는 궁금증을 따라 전개되기 때문입니다.

신탁과 운명의 패러독스

소포클레스의 비극은 굉장히 현대적으로 느껴집니다. 특히 「오이디푸스 왕」은 인물의 심리와 플롯의 전개가 촘촘하게 연결돼 손에 땀을 쥐는 긴장미를 불러일으킵니다. 이 작품은 추리극의 플롯으로 사건 발생 순서와 반대 방향으로 전개됩니다. 테베에 전염병이 돌고, 테베의 전 왕 라이오스 살해범이 재난의 원인이라는 신탁이 전해지자 테베의 현 왕 오이디푸스는 라이오스 살해 사건의 진상 조사를 명령합니다. 사건의 단서가 하나씩 드러나면서 오이디푸스가 찾는 범인의 신원이 점점 오이디푸스 자신으로 드러납니다.

오이디푸스, 장애인 되다

이 흥미진진한 추리극의 플롯을 통해 소포클레스는 신탁과 운명의 역설적 관계를 보여 줍니다. 소포클레스는 과 감하게 극의 초반에 예언자 테이레시아스를 통해서 오이디 푸스가 범인이라는 사실을 폭로합니다. 오이디푸스 왕은 처 남인 크레온의 추천을 받아 맹인 예언자 테이레시아스를 불 러옵니다. 두 차례나 거절했다가 마지못해 온 테이레시아스 는 라이오스 살해 사건의 진실을 알려 달라는 왕의 요구를 완강히 거절합니다. 그러면서 "지혜가 아무 쓸모없는 곳에서 지혜롭다는 것은 얼마나 괴로운 일인가!"(316행)라고 한탄합 니다. 테이레시아스는 사제 신분이기에 오이디푸스에 관해 떠도는 신탁, 즉 '오이디푸스는 아버지를 살해하고 어머니와 동침하여 자식까지 낳는다'는 신탁을 들어서 알고 있습니다. 하지만 그의 앎은 쓸모가 없습니다. 왜냐하면 그걸 오이디푸 스 왕한테 말한들 오이디푸스 왕이 '아, 그렇구나. 내가 범인 이네, 나를 추방하라!' 이렇게 나올 리 없기 때문입니다.

성미 급한 오이디푸스 왕은 한사코 입을 다물고 있는 테이레시아스에게 불같이 화를 냅니다. 처음에는 "우리를 이 역병에서 구해 줄 보호자와 구원자는 오직 그대뿐"(304행) 이라며 추켜세웠다가 화가 치밀자 테이레시아스의 약점 인 시각장애를 조롱합니다. "귀도, 지혜도, 눈도 멀었으니

4. 오이디푸스, 장애인 되다

까"(371행), "영원한 어둠 속에 사는 자"(374행), "햇빛 보는 자를 결코 해코지 못 하리라"(375행), "이익에만 눈이 밝고 예언술에는 눈이 먼 자"(387행)라는 모욕은 테이레시아스의 시각장애를 겨냥한 것으로, 아무리 이름난 예언자라도 시각장애는 조롱의 대상이었음을 짐작케 합니다. 오이디푸스의 장애 혐오에 테이레시아스도 화가 치밀어 "그대가 이 나라를 오염시킨 범인이오"(353행)라며 신탁의 진실을 누설합니다. 오이디푸스 왕은 무슨 말을 하는 거냐고 다그치고, 테이레시아스는 "알아듣지 못했다고?"(360행)라고 되묻습니다. 그러자 오이디푸스 왕은 "충분히 알아듣지 못했소"(361행)라고 대답합니다. '충분히 알아듣지 못했다'는 말은 물론 자세히 말해 달라는 말이지만, 신탁은 운명의 진실을 충분히 알려 주지 못한다는 작가의식을 함축하고 있습니다. 테이레시아스가 신탁의 진실을 말해 줘도 오이디푸스는 그것을 충분히 알지 못합니다. 왜냐하면 운명의 진실은 당사자의 의지로 검증되어야 비로소 온전히 알 수 있기 때문입니다.

오이디푸스 왕은 진실의 검증 작업에 돌입합니다. 그 과정에서 라이오스가 살해된 곳이 포키스 삼거리이며, 살해된 시점은 자기가 스핑크스의 수수께끼를 풀기 얼마 전이라는 정보를 얻습니다. 그러자 그 무렵 포키스 삼거리에서 방

오이디푸스, 장애인 되다

그림 18

조제프 블랑, 「오이디푸스의 라이오스 살해」, 1867년.

랑자였던 자기 앞을 가로막은 마차 일행이 기억납니다. 지체 높은 사람을 태운 마차 일행과 길에서 다툰 끝에 그들을 죽여 버린 자신의 행적이 드러난 단서와 결부됩니다. 불안감을 느낀 오이디푸스 왕은 왕비에게 자신을 괴롭힌 또 다른 신탁을 이야기합니다. 코린토스의 왕 포이보스의 아들로 자란 오이디푸스는 어느 날 자기가 포이보스의 친자가 아니라는 소문을 듣고 심란한 마음에 델포이로 가서 신탁을 묻습니다. 그러자 델포이 신탁소의 무녀는 '오이디푸스는 아버지를 죽이고 어머니와 동침하여 부끄러운 자식들을 낳게 될 운명'이라는 신탁을 전합니다. 테이레시아스가 홧김에 폭로한 그 신탁입니다.

그 기분 나쁜 신탁을 듣고 오이디푸스는 어떻게 했을까요? 그 신탁의 진실을 '충분히' 이해했을까요? 당연히 아니죠. 자기 친부가 누구냐는 물음에 엉뚱한 대답을 들었으니 심란해진 마음에 오이디푸스는 그 신탁의 예언을 피해 코린토스와 반대 방향으로 걸어갑니다. 왜냐하면 그는 여전히 신탁에서 말한 아버지와 어머니가 코린토스에 있다고 생각하기 때문이죠. 그러니까 오이디푸스는 그 신탁이 틀림을 입증하기 위해, 반증의 행보를 한 겁니다. 그런데 바로 그 반증의 행보에서 라이오스를 태운 마차를 만나고 다툼 끝에 라이오스를 살해했습니다. 그 후 스핑크스의 수수께끼를 풀고 테베의 구원자가 되어 자기가 죽인 라이오스의 왕좌를 물려받고, 더불어 왕비까지 물려받아 이오카스테와 결혼했습니다. 짐작하듯이 이오카스테는 라이오스와 부부였을 때 오이디푸스를 낳은 친모입니다. 그렇게 해서 아버지를 죽이고 어머니와 결혼한다는 델포이의 신탁이 실현됩니다.

그런데 어떻게 해서 그 신탁의 예언이 실현되었을까요? 신탁은 전능하니까? 아뇨! 오이디푸스가 친부모와 떨어져 살았기 때문입니다. 그로 인해 친부모를 못 알아봤기 때문에 친부인 줄 모르고 죽이고, 친모인 줄 모르고 결혼한 겁

오이디푸스, 장애인 되다

니다. 그렇게 된 건 신탁의 불충분성과 반증의 행보 때문입니다. 테이레시아스의 신탁에 오이디푸스 왕이 불안해하자 왕비 이오카스테는 신탁이 전부 맞는 건 아니라며 예전에 자기가 받았던 신탁을 들려줍니다. 라이오스와 부부였을 때 델포이의 무녀로부터 라이오스는 아들에 의해 죽을 운명이라는 신탁을 들었습니다. 조심했지만 술김의 성관계로 잉태된 아들이 태어나자 부부는 그 신탁이 틀림을 입증하기 위해 반증의 행보에 나섭니다. 하인을 시켜 신생아를 키타이론 골짜기에 갖다 버린 겁니다.

그런데 하인의 동정심이 부부의 의지를 벗어나 얄궂게 작용합니다. 하인은 아이를 골짜기에 버리는 대신 이웃나라 코린토스의 양치기에게 건네주고, 코린토스의 양치기는 자기 나라 왕 포이보스에게 바치고, 포이보스는 그 사내아이의 몽둥이처럼 부은 발을 보고 '오이디푸스'라는 이름을 붙여서 키웁니다. 그러다 오이디푸스의 출생에 관한 소문이 나고, 오이디푸스가 소문의 진실을 알고자 직접 델포이로 가서 불길한 신탁을 듣게 되면서 앞에서 말한 것과 같은 운명의 씨줄과 날줄이 엮입니다.

신탁의 불충분성이 반증의 행보에 의해 완성되는 이 과정은 얼핏 보면 신탁의 절대성을 입증하는 것처럼 보입니다. 아무리 신탁의 예언을 피하려 발버둥 쳐도 결국 예언대로 됐으니까요. 그러나 구체적인 과정은 오히려 신탁의 진실이 지닌 불충분성에서 시작합니다. 신탁은 그 자체로는 불충분하고 신탁을 받은 자의 반증의 행보를 통해서만 비로소 운명의 진실로 확정됩니다. 그리스의 위대한 철학자 소크라테스의 운명도 그랬습니다. 소크라테스는 친구가 델포이 신탁소에서 받은 '그리스에서 가장 위대한 자는 소크라테스다'라는 신탁을 전해 듣고 자신은 그렇게 생각하지 않는다며 반증의 행보를 시작합니다. 그는 그 신탁이 틀렸음을 입증하기 위해 전국을 돌아다니며 지혜롭다고 소문난 이들을 만나 자신의 지혜와 겨룹니다. 평생에 걸친 반증의 행보 끝에 소크라테스는 신탁의 말이 운명의 진실에 부합함을 깨달았습니다. 정치인, 현자, 기술자, 예술가 등 지혜로운 사람들을 만나 지혜를 겨뤄 본 결과 그들은 특정 분야에서는 지혜롭지만 자기 자신에 관한 지혜, 자기의 무지에 관한 지혜는 소크라테스 자신보다 부족하다는 것을 깨닫습니다. 그래서 소크라테스는 '소크라테스가 그리스에서 가장 지혜롭다'는 델포이의 신탁이 틀림을 입증하기 위한 반증의 행보 끝에 자기 자신에 관한 지혜를 갖춘 자신이 그리스에서 가장 지혜로운 자라는 운명의 진실에 도달한 것입니다.

오이디푸스, 장애인 되다

신탁에 대한 반증의 행보가 신탁의 진실을 입증하는 이 역설이 말해 주는 것은 뭘까요? 바로 신의 뜻(신탁)이 아니라 소명받은 자의 자유의지가 운명을 만든다는 것입니다. 라이오스 부부가 신탁에 맞서 아기를 버리지 않았다면, 왕의 명령을 받은 하인이 아기를 골짜기에 버리는 대신 이웃 나라의 동료 목동에게 건네지 않았다면, 코린토스의 왕자 오이디푸스가 신탁의 예언을 피하려고 코린토스와 반대 방향으로 길을 잡지 않았다면 신탁이 예언한 운명은 실현되지 않았을 겁니다. 소포클레스의 비극에서 신탁이 예언한 운명은 인간의 자유의지에 의해서 비로소 실현됩니다. 신의 뜻은 인간이 가진 자유의지의 불가해한 총합이라는 것이 소포클레스의 신학입니다.

장애인의 운명과 만나다

갓난아기 오이디푸스를 갖다 버렸던 테베의 하인과 그 아기를 건네받아 코린토스 왕에게 바친 양치기가 대면하여 출생의 비밀이 폭로된 순간 오이디푸스는 드디어 자기 운명의 진실과 만납니다. 아버지를 죽이고 어머니와 동침하여 자식까지 낳는다는 신탁의 진실을 '충분히' 알게 된 오이디푸스는 수치심에 자기 눈을 찌릅니다.

　오이디푸스의 이 자해 행위에는 어떤 의미가 있을까요? 프로이트(Sigmund Freud)는 그 행위에 '거세를 통한 자기 징벌'이라는 의미를 부여합니다. 어머니와 동침해서 자식까지 낳게 한 성기와 눈알이 무의식적으로 동일시되었다는 거죠. 그러면서 모든 인간은 유아기에 어머니를 성적으로 욕망하고, 아버지에게 금지당한 그 욕망은 아버지를 향한 증오심으로 전환된다고 주장합니다. 프로이트는 부모를 향한 애정과 증오의 복합 감정에 '오이디푸스 콤플렉스'란 명칭을 붙입니다. 프로이트가 만든 '오이디푸스 콤플렉스'라는 정신분석학 개념을 통해 '오이디푸스'라는 이름이 근대 인간학의 영토에 널리 퍼졌죠. 눈알에 성기의 의미를 부여하는 것은 프로이트의 해석학적 자유고, 우리는 비극 텍스트 안에서 그 행위가 오이디푸스 본인에게 어떤 의미를 지니는지 살펴보도록 하겠습니다. 자기 눈을 찌른 후 오이디푸스는 이렇게 말합니다.

이제 너희는 내가 겪고, 내가 저지른 끔찍한 일을
다시는 보지 못하리라.
너희는 보아서는 안 될 사람들을

오이디푸스, 장애인 되다

충분히 오랫동안 보면서도
내가 알고자 한 사람들을 알아보지 못했으니,
앞으로는 어둠 속에서 보거라!

(소포클레스, 「오이디푸스 왕」, 1270~1274행)

당연한 말이지만, 오이디푸스가 눈을 찌른 건 시력을 제거하기 위해서입니다. 그렇게 함으로써 자기가 "겪고" "저지른 끔찍한 일을 다시는 보지 못하리라"는 의도로. 그런데 시력을 잃는다고 자기가 겪고 저지른 일을 없애거나 모르게 되는 건 아니잖아요. 그런데도 "다시는 보지 못하리라"고 생각하는 건 보는 것과 인식하는 것을 동일시하기 때문입니다. 그리스 사람들은 눈의 기능을 (성적 기능이 아니라) 인식 기능과 동일시하는 사고방식을 갖고 있습니다. 그런 사고방식은 영어에서 'I see'가 '나는 본다'와 '나는 안다'를 동시에 의미하는 것으로 이어져 왔습니다.

오이디푸스가 하필 눈을 찌른 것은 자기가 겪고 저지른 현실을 '외면'하고 싶기 때문입니다. 저승에 가서도 아버지와 어머니를 차마 볼 수 없다는 수치심이 그의 자해에 담긴 감정입니다. 그에 더해 자기 눈이 해야 할 인식 기능을 제대로 하지 못한 책임을 지는 의미가 있습니다. 라이오스를

4. 오이디푸스, 장애인 되다

보고도 친부임을 알지 못하고, 이오카스테를 보고도 친모임을 알지 못한 책임을 눈에 지우고 징벌한 겁니다. 프로이트도 자기 징벌을 말했지만, 그가 말한 건 (살인과 성관계) 행위에 대한 처벌이지 오이디푸스가 말한 보고도 '인식'하지 못함에 대한 처벌이 아닙니다. 그게 그거라고요? 다릅니다. 비극 텍스트에는 둘 간의 차이를 시사하는 대목이 있습니다.

친구들이여, 아폴론, 아폴론, 바로 그 분이시오.
내게 이 쓰라리고 쓰라린 일이 일어나게 한 분은.
하지만 내 이 두 눈은 다른 사람이 아닌
가련한 내가 손수 찔렀소이다.

(소포클레스, 「오이디푸스 왕」, 1329~1332행)

친부를 살해하고 친모와 결혼한 행위는 신의 계략에 의해 '당한' 일이지만 보고도 알지 못한 눈에 책임을 물은 것은 자유의지에 따른 것이라고 그는 말합니다. 그에 대해 테베의 원로들로 구성된 코러스는 "그대의 선택이 옳았다고 말씀드릴 수가 없나이다. 장님으로 사느니 죽는 것이 더 나으니까요."(1367~1368행)라고 말합니다. 여러분은 어떤가요? 테베의 노인들처럼 장님으로 사느니 죽는 게 낫다고 생각하

오이디푸스, 장애인 되다

세요?

테베의 노인들이 뜬금없이 장님으로 사느니 죽는 게 낫다고 장애인을 혐오한 것은 오이디푸스의 잘못을 눈(인식)의 문제로 부분화하지 않고 존재 전체의 오욕으로 보기 때문입니다. '치사하게 눈만 찌르냐? 너 같은 오욕의 존재는 죽어 버리는 게 나아!'라며 오이디푸스에게 '자기 혐오'를 요구한 것입니다. 하지만 오이디푸스는 마지막 순간 스스로 시각장애인이 됨으로써 혐오의 정치(자기 혐오)에서 빠져나옵니다. 오이디푸스는 노인들의 말에 짜증을 내며 앞서 선포한 것처럼 라이오스의 살해범인 자신을 테베에서 추방하라고 명령합니다. 스스로 장님이 되기로 선택한 것과 마찬가지로 이 추방 역시 자기가 선포한 것에 대해 스스로 책임지는 행위입니다.

이 비극은 비탄이 아니라 논쟁으로 끝납니다. 오이디푸스의 추방을 두고 크레온과 오이디푸스는 옥신각신합니다. 크레온은 추방 문제에 대해서는 다시 신탁을 물어보겠다고 하고, 오이디푸스는 자기가 선포한 대로 즉시 자신을 추방하라고 명령합니다. 예상 밖의 능동성에 놀란 크레온은 "모든 일을 지배하려 들지 마세요"(1523행)라며 오이디푸스에게 짜증을 냅니다. 이를 통해 오이디푸스가 운명의 진실을 만나 스스로 눈을 찌르고 추방한 것이 신의 뜻(신탁)에 순응하는 것이 아님을 알 수 있습니다. 그는 스스로 (시각)장애인이 되고, 스스로 (추방된) 국외자가 되기를 원한 것입니다. 그것은 운명의 진실을 깨달은 오이디푸스가 자기 운명을 능동적으로 받아들이며 보여 준 '운명애'입니다.

오이디푸스, 장애인 되다

5.
민주주의가
품은
장애 난민

콜로노스의 오이디푸스

시각장애인이 된 오이디푸스는 테베에서 추방됩니다. 그 후 오이디푸스는 어떻게 되었을까요? 죽음을 앞두고 소포클레스는 테베에서 추방된 오이디푸스의 마지막 행적을 그립니다. 「콜로노스의 오이디푸스」란 제목으로 상연된 비극은 오이디푸스의 무덤이 아테네 변방 콜로노스에 있다는 전설에 상상력을 더해 오이디푸스가 아테네 땅에 묻히게 된 경위와 그 의미를 탐색한 작품입니다.

비극의 첫 장면은 테베에서 추방된 오이디푸스가 맏딸 안티고네의 돌봄을 받으며 떠도는 장면으로 「오이디푸스

그림 19

샤를 잘라베르, 「오이디푸스와 안티고네」, 1842년.

왕」의 마지막 장면, 자기 눈을 찌른 오이디푸스가 테베에서
추방되기를 요구하는 장면과 이어집니다. 그런데 이 작품은
「오이디푸스 왕」이 상연된 지 이십 년이 훌쩍 지난 후 창작되
었습니다. 작품 안에서는 얼마나 시간이 흐른 걸까요?

당일에는 화가 뜨겁게 치밀어 올라 죽는 것이,
그것도 돌에 맞아 죽는 것이 간절한 소망이었지만,
그때는 내 이러한 소망을 이루어 줄 사람이
아무도 나타나지 않았어

오이디푸스, 장애인 되다

그러나 세월이 흘러 내 고통도 모두 가라앉고
내가 홧김에 지난날의 과오를 너무 지나치게
벌준다고 느끼기 시작할 무렵, 그때서야
비로소 도시가 나를 억지로 나라에서 내쫓으려 했지
그렇게 많은 세월이 지난 뒤에 말이야.
        (소포클레스, 「콜로노스의 오이디푸스」, 434~441행)

「오이디푸스 왕」 마지막에 오이디푸스는 속히 자신을
테베에서 추방하라고 요구했습니다. 하지만 크레온은 신탁
을 들어 봐야 한다면서 기다리라고 했죠. 하지만 세월이 흐
른 후 둘의 생각은 뒤바뀌었습니다. "세월이 흘러 고통이 가
라앉자" 오이디푸스는 자신의 수치심과 자책이 홧김에 생긴
과도한 감정임을 깨닫습니다. 이성적인 상태로 돌아와 차분
히 생각하니 자신의 과오는 성급함뿐 친부 살해와 근친상간
의 책임은 자신에게 있지 않다는 결론에 이르렀습니다. 그
걸 깨달을 즈음 크레온을 위시한 테베의 위정자들은 그제야
오이디푸스 추방을 결정합니다. 이런 어긋남이 이 비극의 주
제를 형성합니다. '오이디푸스에 대한 혐오와 추방은 정당한
가?'라는 논쟁이 비극의 서사를 이끌며, 추방된 오이디푸스
를 포용한 아테네 민주주의의 위대함이라는 주제의식을 형

성합니다.

　　테베에서 추방된 오이디푸스 옆에는 안티고네가 있습니다. 안티고네는 오이디푸스와 이오카스테 사이에 태어난 2남 2녀 중 장녀입니다. 차녀 이스메네도 테베의 소식을 전해 주는 등 오이디푸스를 돌보는 데 참여합니다. 아들 둘은 뭐 하고 있었을까요? 이스메네가 전해 준 소식에 따르면, 오이디푸스의 두 아들 폴리네이케스와 에테오클레스는 서로 왕좌를 독차지하려고 다투다 끝내 전쟁을 일으켰습니다. 쫓겨난 폴리네이케스는 아르고스로 망명했고, 그곳의 공주와 결혼하여 인척들을 규합해 테베로 진격하고 있습니다.

오이디푸스 가족 서사

시각장애인으로 국외를 떠도는 오이디푸스를 딸이 돌보는 상황은 중요한 의미를 지닙니다. 왜냐하면 이 부분은 오이디푸스란 이름을 널리 퍼뜨린 프로이트의 '오이디푸스 콤플렉스'와 연관된 문제, 가부장제 가족 질서와 오이디푸스의 관계를 단적으로 보여 주기 때문입니다. 오이디푸스는 결과적으로 아버지를 죽이고 어머니와 동침하여 자식까지 낳았습니다. 그 때문에 오이디푸스는 인간으로서는 넘을 수 없는 금

기의 선을 넘은 자로, 그래서 혐오스러운 존재로 낙인찍힙
니다.

프로이트는 그 비극이 유아기의 남자가 지닌 무의식
적 욕망의 표출이라고 보았습니다. 인간이 태어나서 처음으
로 육체적으로 관계 맺는 어머니에 대한 성적 욕망과 그것을
억압한 아버지에 대한 증오를 드라마로 표현했다는 거죠. 그
욕망을 포기하고 아버지의 금지를 잘 내면화하면 정상적인
남자 역할을 수행하고, 잘 안돼서 트라우마를 남기면 성도착
이나 신경증 같은 정신질환을 일으키게 된다고 합니다. 프로
이트는 이것이 모든 인간의 근원적인 문제라고 보았습니다.
하지만 소포클레스의 비극에서 그것은 모든 인간의 본능이
아니라, 아버지가 왕이고 어머니는 그의 소유물에 불과한 가
부장제 내부의 문제로 그려집니다. 또한, 프로이트는 오이디
푸스 콤플렉스를 아버지에 대한 아들의 심리적 관계로 이해
했지만 「콜로노스의 오이디푸스」에서 오이디푸스 가족 드라
마는 아버지와 딸의 돌봄 관계로 펼쳐집니다.

물론, 프로이트는 딸의 입장에서 아버지를 사랑하고
어머니를 미워하는 심리에 대해서도 말한 바 있습니다. '엘
렉트라 콤플렉스'라고 명명하기도 했죠. 엘렉트라는 오이디
푸스 가문이 아니라 아르고스의 왕 아가멤논의 딸입니다. 어

127

머니가 아버지를 살해하자, 아버지에 대한 사랑 때문에 어머니를 미워하게 된 딸이죠. 소포클레스는 엘렉트라에 대한 비극도 썼습니다. 소포클레스의 「엘렉트라」 역시 엘렉트라 콤플렉스가 놓인 가부장제 배경을 분명하게 보여 줍니다. 어머니 클리타임네스트라가 아버지 아가멤논을 살해한 이유는 죽은 첫째 딸 이피게네이아를 위한 복수 때문입니다. 트로이 원정대의 총사령관인 아가멤논이 이피게네이아를 심청이처럼 희생양으로 신에게 바쳤거든요. 그래서 트로이 전쟁을 마치고 온 아가멤논을 살해한 겁니다. 어머니를 이해할 만도 한데 엘렉트라는 아버지에 대한 애정으로 어머니에 대한 복수 의지를 불태웁니다. 결국 엘렉트라는 남동생 오레스테스를 부추겨 어머니 클리타임네스트라를 죽이게 만듭니다.

아버지의 복수를 위해 어머니를 살해한 오레스테스는 에리니에스(Erinyes)라고 불리는 무시무시한 '복수의 여신들'에게 괴롭힘을 당합니다. 에리니에스는 시뻘건 눈과 뱀 머리카락을 가진, 횃불을 들고 날아다니는 무서운 처녀들로 나타납니다. 밤의 여신의 딸이라 하기도 하고, 대지의 여신 가이아의 딸이라는 설도 있는데, 저승과 이승을 넘나들며 혈족 살해의 복수를 하는 여신으로 알려졌습니다. 원래 대지모신의 딸로 모계사회의 질서와 정의를 수호하는 여신인데 제우스의 가부장적 신정 체제 이후 혈족 살해자의 꿈과 환영에 나타나 피를 말리는 무시무시한 악귀로 전락했습니다.

모계 수호 여신들

아이스킬로스의 「자비로운 여신들」은 친모 살해자 오레스테스 재판을 그립니다. 에리니에스에게 쫓기던 오레스테스는 어머니를 죽이라고 사주한 아폴론의 신탁을 듣고 아테네로 가서 정식으로 재판을 받습니다. '아레이오스 파고스'라는 인류 최초의 법정에서 에리니에스는 오레스테스에게 혈족 살해의 죄를 묻고, 아폴론은 아버지를 대신한 아들의 복수는 정당한 것으로, 어머니는 '기른 자'일 뿐이라며 '낳은 자'(혈족)는 오직 아버지뿐이라며 부계혈통을 옹호합니다. 아테네 시민들로 구성된 배심원들의 투표 결과 유죄 표가 한 표 많았지만, 재판장인 아테나 여신이 무죄 표를 던지는 바람에 가부동수 무죄 원칙에 따라 오레스테스는 무죄 판결을 받습니다. 아테나는 여신이지만 여자의 자궁이 아니라 제우스의 머리에서 나왔기 때문에 남자 편을 들겠다고 고백합니다. 아테나 여신은 재판 결과에 분노하여 날뛰는 에리니에스를 달래며 앞으로 아테네에 신전도 지어 주고 에우메니데스

(Eumenides), 즉 '자비로운 여신'으로 경배받도록 해 주겠다고 제안합니다. 그렇게 해서 사방을 떠도는 악귀였던 에리니에스는 아테네 민주정에서 존경과 경외를 받는 에우메니데스로 승격, 혹은 포섭됩니다.

그 '복수의 여신들'이 「콜로노스의 오이디푸스」에 또 등장합니다. 사방을 떠돌던 오이디푸스는 콜로노스에 있는 "대지와 어둠의 딸들인 무서운 여신들의 소유지"(40행), 즉 '복수의 여신들'의 성지에서 보호를 받습니다. 친모 살해의 죄를 물어 오레스테스를 괴롭혔던 '복수의 여신들'이 친부 살해와 근친상간(어머니와 결혼)의 죄로 추방된 오이디푸스에게 안식처를 제공한 것을 어떻게 이해해야 할까요? '복수의 여신들'이 수호하는 혈족은 정확히 모계혈족입니다. 오이디푸스의 친부 살해와 근친상간을 '인간'으로서는 상상할 할 수도 없는 금기 위반으로 여기는 것은 가부장의 도덕입니다. 아버지를 살해하고 그 소유물인 어머니를 아내로 삼아 자식까지 낳는 것은 부계 질서의 근간을 무너뜨리는 행위입니다. 무너진 질서는 '부계'입니다. 복수의 여신들이 수호하는 '모계'의 관점에서는 잘못이기는 하지만 혈족의 근간을 무너뜨린 건 아닙니다. 그런 점에서 자기혐오를 누그러뜨린 오이디푸스가 자신의 죄 없음을 호소하고 복수의 여신의 성지에서

오이디푸스, 장애인 되다

그림 20

장 앙투안 테오도르 지루스트, 「콜로노스의 오이디푸스」, 1788년.

용서받는다는 것은 의미심장합니다. 부계 질서의 금기를 위반한 오이디푸스가 모계 질서의 수호 여신들에게 용서받은 거죠.

장애 난민을 보호하라

'복수의 여신들'을 포섭한 것은 아테네 민주정입니다. 복수나 신탁이 아니라 이성의 지도하에 배심원 재판으로 죄를 심판하는 나라 아테네는 여성적 정의도 존중하는 나라입니다.

시각장애 절름발이 난민은 어떨까요? 아테네 민주정은 그런 사람도 포용할까요? 그 대답이 테베에서 추방된 오이디푸스에 대한 아폴론의 새로운 신탁에 있습니다.

> 포이보스께서는 내가 종착지에 도착해
> 존엄하신 여신들의 거처에서 피난처를 발견하게 되면
> 훗날 이런 안식을 얻게 되리라 말씀하셨나이다.
> 그분께서는 또 내가 그곳에서 고달픈 인생을 마감하되
> 나를 받아 주는 자에게는 이익을, 나를 내쫓는 자에게는
> 재앙을 가져다줄 것이라 하셨나이다.
>
> (소포클레스, 「콜로노스의 오이디푸스」, 87~90행)

친부 살해와 근친상간의 운명을 예언했던 아폴론 신전이 어떤 이유로 추방된 오이디푸스를 받아 주는 자에게 신의 가호를, 내쫓는 자에게는 재앙을 예고한 걸까요? 새로운 신탁을 알리러 온 이스메네도 그 이유는 모르는 듯합니다. 그건 아마 스핑크스의 수수께끼를 하필 오이디푸스가 풀 수 있었던 것과 비슷한 이유일 겁니다. 자신의 장애(부은 발)에 대한 관심으로 인간 보행의 수수께끼를 풀어 테베를 구한 것처럼, 오이디푸스를 받아들이는 자는 구원받고 내치는 자에

　　　　　　　오이디푸스, 장애인 되다

게는 재앙이 닥치는 이유 역시 그가 처한 장애 난민의 상황 때문입니다.

절름발이 시각장애인으로 고국에서 추방된 오이디푸스는 총체적인 혐오의 대상이 됩니다. 콜로노스에서 그를 처음 만난 노인도 그의 이름을 듣자마자 "보기에도, 듣기에도 끔찍하다"(141행)며 당장 이 나라를 떠나라고 소리쳤습니다. 그런 혐오에 대해 오이디푸스는 자신에겐 잘못이 없다고 주장합니다. 부은 발도, 고국에서 추방된 것도, 부지중에 친부를 죽이고 친모와 결혼한 것도 그의 악의에 의한 죄가 아니라고 항변했습니다. 그럼에도 오이디푸스는 만인에게 혐오스런 존재로 배척받습니다. 오늘날 장애인에게 쏟아진 혐오도 마찬가지죠. 당사자의 악의나 잘못이 없음에도 장애인은 왠지 불길하고 혐오스러운 존재로 여겨집니다. 새로운 신탁은 정확히 바로 그 혐오를 겨냥합니다. 오이디푸스를 혐오하는 나라는 멸망하고 그를 포용하는 나라는 번창할 것이라는 신탁은 민주주의를 수호하는 아테네에 신의 가호가 있기를 바라는 소포클레스의 염원을 표현합니다.

아테네에 당도한 오이디푸스는 주민에게 "그대들의 왕은 뉘신가요? 아니면 발언권이 민중에게 있나요?"(66행) 라고 묻습니다. 이 질문은 당연히 전설 속의 오이디푸스가

133

아니라 기원전 5세기 말 소포클레스의 정치의식에서 나온 겁니다. 오이디푸스의 질문에 아테네 주민은 자신들을 통치하는 자는 테세우스라고 답합니다. 테세우스는 아테네에 민주정을 도입한 인물로, 아테네 토박이가 아니라 오이디푸스처럼 이방인으로 와서 아테네의 왕이 되었습니다.

몫 없는 자의 운명과 민주주의

오이디푸스는 "이 도시만이 핍박받는 이방인을 보호하며 이 도시만이 그런 사람을 돕는다 하였소"(261~262행)라며 아테네 민주정이 이방인 환대의 정신에서 비롯했음을 시사합니다. 테세우스 역시 "나도 그대처럼 이방인으로 자랐으며"(562행) "그래서 나는 지금 그대 같은 이방인이라면 누구에게도 돌아서거나 보호해 주기를 거절하지 않을 것이오"(565~566행)라며 오이디푸스를 환대합니다. 이어서 "나는 내가 한낱 인간임을, 그리고 내일이면 그대보다 내가 더 큰 몫이 주어지지 않을 것임을 알고 있기 때문이오"(567~568행)라며 이방인을 포용하는 근거를 운명의 평등성에서 찾습니다. 모든 인간은 운명 앞에 평등합니다. 오늘은 오이디푸스가 이방인으로 이곳에 왔지만 내일이면 왕인 내가 이곳에서

오이디푸스, 장애인 되다

추방될 수 있는 게 운명입니다. 이방인의 몫과 왕의 몫은 운명에 의해 미리 정해진 게 아니라 제비뽑기처럼 사람을 가리지 않고 주어집니다. 제비뽑기처럼 무차별적으로 주어진 것, 그것이 아테네인들이 생각한 운명의 모습입니다. 이방인에게는 폴리스에서 발언할 몫이 주어지지 않는 게 보통이지만, 아테네 민주정은 이방인의 몫을 남겨 두면서 시작됐습니다. 민주주의는 이방인이나 데모스(재산도 없고 신분도 없는 하층민)처럼 세습적으로 주어진 '몫이 없는 자의 몫'을 항상 남겨 두는 환대의 정신을 근간으로 작동합니다.

테세우스가 오이디푸스를 포용한 후 아테네 민주주의를 시험하는 적대자들이 등장합니다. 테베에서 온 크레온이 오이디푸스를 데려가려고 한 겁니다. 오이디푸스를 보호하는 자에게 신의 가호가 있다는 신탁 때문이죠. 그렇다고 오이디푸스를 다시 테베의 시민으로 받아들이려는 건 아닙니다. 다만 국경 근처에 데려다 '보호'하기만 하려는 의도입니다. 친부 살해와 근친상간을 저지른 혐오스런 자를 지역사회에 통합시킬 수는 없다는 거죠. 보호는 해야겠고 그렇다고 통합은 하기 싫은 크레온의 조치는 장애인 거주시설을 떠올리게 합니다. 장애인들을 지역사회의 구성원으로 통합시키지 않고 도시 외곽의 시설에 보호해 두는 게 너무 똑같죠. 오

5. 민주주의가 품은 장애 난민

이디푸스에 대한 혐오와 배제를 정당화하는 크레온의 이념은 국가주의입니다.

> 그대가 도시와 조상들 집으로 돌아가기로 결심함으로써.
> 먼저 이 도시에 다정하게 작별인사를 하시오.
> 이 도시는 그럴 가치가 있소. 하지만
> 전에 그대의 유모였던 고향 도시는 더 존중받아 마땅하오.
>
> (소포클레스, 「콜로노스의 오이디푸스」, 757~760행)

개인적으로 억울한 점이 있어도 국가의 승리와 발전을 위해 참으라는 겁니다. 하지만 오이디푸스는 "내 복수의 정령이 자네 나라에 영원히 머물 것"(788행)이라며 자신을 혐오하고 추방한 국가와의 절연을 선언합니다. 크레온은 설득에 실패하자 강제로 오이디푸스를 데려가려 합니다. 우선 오이디푸스의 손과 눈이 되어 주는 두 딸을 강제로 끌고 갑니다. 활동지원사 제도를 약화시켜 장애인들을 거주시설로 보내려는 퇴행적 복지 정책과 비슷하죠. 그에 저항하는 오이디푸스의 부름을 받고 포세이돈에게 제사를 지내러 갔던 테세우스가 돌아옵니다.

오이디푸스, 장애인 되다

테세우스는 망명권을 인정받은 오이디푸스를 본국으로 강제 소환하려는 크레온의 조치가 아테네의 주권을 침해하는 행위라며 강력하게 항의합니다. 테세우스의 기세에 놀란 크레온은 오이디푸스를 강제 소환하는 자신의 근거를 주장합니다.

> 나는 그대들이 아버지를 살해하고 어머니와 동거하는
> 가장 부정(不淨)한 결혼을 한 것으로 드러난
> 불경한 자를 받아들이지 않을 줄 알았소.
> 나는 또 그대들의 나라에 지혜로운 아레이오스 파고스가
> 있어, 이런 부랑자들에게 시내에서
> 함께 사는 것을 허용치 않을 줄 알았소이다.
> 그렇게 믿고 나는 이런 포획에 나선 것이외다.
>
> (소포클레스,「콜로노스의 오이디푸스」, 944~950행)

크레온이 지닌 '혐오의 정치' 이념을 단적으로 드러내는 대사입니다. 오이디푸스가 불경한 죄인이라는 크레온의 주장에 대해, 오이디푸스는 친부모인줄 모르고 한 행위이므로 친족 범죄의 구성 요건을 갖추지 못했다고 항변합니다. 길 위의 다툼 끝에 라이오스를 살해한 것은 정당방위이고,

친모인 줄 모르고 이오카스테와 결혼한 건 전 왕의 소유물을
정당하게 승계한 것이므로 죄가 아니라고 주장합니다. 오이
디푸스는 흡사 아테네 민주정의 재판정에서 변론하는 것처
럼 이성적 법리를 펼칩니다.

종교적 심판과 혐오의 정치

반면, 크레온은 이성적 법리 대신 종교적 신탁의 논리를 내
세웁니다. 오이디푸스가 아버지를 죽이고 어머니와 동침한
것은 신의 뜻(신탁)에 의한 것으로, 오이디푸스는 신에 의해
서 불경스럽고 혐오스러운 존재로 낙인찍혔다고 주장합니
다. 오이디푸스가 이성의 법정에서 '행위'의 유죄성을 따지는
데 반해 크레온은 종교의 심판대에서 '존재'의 유죄성을 따집
니다. 크레온이 보여 준 것처럼 '혐오'의 정치는 어떤 '행위'에
대한 증오가 아니라, 어떤 '존재'에 대한 역겨움을 심판의 근
거로 삼습니다. 행위에 대한 책임으로서의 법적 처벌이 아니
라 오염원을 제거하기 위한 추방이 혐오정치의 심판 방식입
니다.

크레온은 또 부랑자에 대한 혐오를 근거로 내세웁니
다. 그는 아테네의 아레이오스 파고스가 "이런 부랑자들에게

시내에서 함께 사는 것을 허용치 않을 줄 알았다"고 말합니다. '아레스 신의 바위 언덕'이란 뜻의 아레이오스 파고스는 오늘날로 치면 대법원 같은 곳으로, 살인 등 중범죄 재판이 이뤄지던 법정입니다. '아르콘'이라 불리는 일 년 임기의 원로들이 배심원으로 참여하며, 아테네의 권위와 전통, 헌법을 수호하는 최고법정입니다. 크레온은 아테네의 최고법정이 부랑자에 대한 추방을 명령할 거라 생각했습니다. 그러나 테세우스는 아테네의 헌법은 이방인이나 부랑인과 같은 '몫 없는 자의 몫'을 항상 남겨 두는 환대의 정신을 수호한다고 말합니다. 말로만 수호하는 게 아니라 테세우스는 무장병력을 동원하여 크레온 일당이 납치한 딸들을 구해서 데려옵니다.

이와 같은 장면을 다른 비극 작품, 특히 에우리피데스의 비극에서 몇 차례 더 볼 수 있습니다. 아테네에 보호를 요청한 이들이 본국의 권력자에게 강제 송환될 위기 상황에서 아테네가 전쟁도 불사하며 망명자를 지켜 주는 장면 말입니다. 이런 장면은 아테네의 민주주의 동맹과 스파르타의 과두정 동맹이 펠로폰네소스 반도에서 수십 년 전쟁을 치르는 현실 상황에서 실제로 있을 법한 장면입니다. 아테네와 스파르타 두 강대국은 민주정과 과두정을 대표하여 여러 나라들과 이념 동맹을 체결하여 체제 경쟁을 하다가 전면전으로 치닫습니다. 그런 상황에서 이방인 환대의 정신으로 출범한 아테네 민주정은 체제 우월성을 입증하고 동맹을 수호하기 위해 무력을 동원해서라도 망명자를 지켜야 했을 겁니다.

부계를 끊고 대지로 돌아가다

아테네 민주주의의 힘으로 크레온의 강제 소환을 피한 오이디푸스에게 또 한 명의 테베 사람이 옵니다. 왕자의 난으로 쫓겨났다가 외국 군대를 이끌고 테베로 진군하는 맏아들 폴리네이케스입니다. 그 역시 오이디푸스를 보호하는 자에게 신의 가호가 있다는 신탁을 듣고 오이디푸스를 데리러 온 겁니다. 폴리네이케스는 장남임에도 억울하게 왕좌에서 쫓겨났다면서 같은 추방자 신세인 자신을 도와 달라고 합니다. 왕좌를 되찾으면 아버지를 잘 모시겠다고 맹세도 합니다.

여러분이라면 어떡할 건가요? 미우나 고우나 장남인데, 마지막으로 아비 노릇을 할 마음이 있습니까? 그럴 법도 한데, 오이디푸스는 단칼에 아들의 요청을 거부합니다. 오이디푸스는 자신이 테베에서 추방될 때 수수방관하고 추방된 이후에도 집에만 틀어박혀 왕좌만 다툰 아들들은 서로 다투다 죽어 마땅하다고 복수심을 드러냅니다. 반면에 집에서 나와 광야에서 자신을 돌봐 준 딸들은 "남자지 여자가 아니었어"(1368행)라고 말합니다. 오이디푸스 생각에 남자는 "밖으로 일용할 양식을 구하러 나가고"(339~340행) 여자는 "집안에서 집이나 지키는"(342행) 자입니다. 그에 따르면 집안에서 권좌나 지키는 두 아들이 여자이고, 용감히 광야로 나가 아비의 일용할 양식을 구해 준 두 딸이 남자라는 겁니다.

오이디푸스의 특이한 젠더 의식은 가부장제 성별 이분법과의 거리감을 드러냅니다. 가부장제 가족 질서는 아버지에서 아들로 이어지는 부계 상속으로 전승됩니다. 비록 모르고 한 일이지만 친부를 살해하고 친모와 결혼한 오이디푸스는 가부장제 가족 질서의 근간을 무너뜨리고 테베에서 추방되었습니다. 아테네 콜로노스에서 그는 이제 아들과의 관계마저 끊어 버립니다. 그에게 남은 친족은 어머니의 자궁에 씨를 뿌려 태어난 두 딸과의 모계 혈연뿐입니다. 부자(父子) 관계를 끊은 오이디푸스는 신의 부름 같은 천둥소리를 듣고 죽을 때가 왔음을 깨닫습니다. 그는 두 딸의 도움을 받아 스스로 장례 의식을 치른 후 죽을 곳으로 갑니다. 오이디푸스는 두 딸과 작별 인사를 한 후 테세우스의 눈앞에서 대지의 갈라진 틈으로 빨려 들어갑니다. "대지의 견고한 토대가 그분이 고통당하지 않도록 호의에서 열렸던 것"(1662행)

입니다. 대지모신의 품으로 돌아간 것 같은 그 죽음은 "질병도 고통도 수반되지 않고, 어떤 인간의 그것보다 경이로운 것"(1664행)으로 평가됩니다. 스스로 걸어 들어간 대지의 갈라진 틈, 그곳이 오이디푸스의 무덤입니다. 소포클레스는 그렇게 해서 오이디푸스의 무덤을 지킨 아테네 민주정에 신의 가호가 있기를 염원하며 이 비극을 지었습니다.

아테네 민주정의 장애인 연금

소포클레스의 비극에서 장애 난민 오이디푸스는 아테네 민주정의 시민으로 포용됩니다. 현실에서는 어땠을까요? 기원전 5세기 아테네 민주정은 장애인을 시민으로 받아들였을까요? 고대 그리스 사회는 기형아 유기의 관습이 있었습니다. 그리고 장애가 있는 시민은 사제의 지위나 정치적 책임자의 자리에 오를 수 없었습니다. 그럼에도 그리스 국가 중 유일하게 아테네 민주정은 신체장애가 있는 시민에게 생계비를 급여하는 연금 제도가 있었습니다.

'아두나토이'(무능력자)라고 불린 장애인들은 장애 원인에 상관없이 국가로부터 매일 2오볼의 수당을 받았습니다. 당시 재판에 참여하느라 생계 노동을 못한 시민에게 준 배심원 수당이 하루 3오볼인 걸 고려하면 넉넉한 돈은 아니지만 기초생활비는 된 듯합니다.[1] 장애인 연금은 신체장애로 인해 생계 노동을 할 수 없고 그 때문에 시민다운 생계를 꾸릴 수 없기 때문에 주는 것입니다. 아테네 민주정의 여타 급여와 마찬가지로 장애인 연금 역시 평의회에서 엄격한 심사를 받았습니다. '리시아스'라는 변론가의 법정 변론문을 모은 『리시아스 변론집』에는 부정수급자로 고발당한 장애인을 위해 쓴 변론문이 있습니다. 그에 따르면 일 년마다 이루어진 엄격한 급여 심사에서 평의회가 검토한 것은 세 가지입니다. 첫째, 생계 노동이 불가능할 정도로 신체적 손상이 심한지, 둘째, 연금이 없으면 생계가 불가능할 만큼 가난한지, 셋째, 부양해 줄 다른 가족이 없는지입니다. 오늘날 한국의 장애인 복지 서비스 급여 심사 기준과 같습니다.

이런 장애인 연금 제도는 오직 아테네 민주정에만 있었습니다. 아테네는 신체장애로 인해 일을 할 수 없는 시민이 구걸을 하는 등 남에게 의존하는 신세로 전락하는 것을

---

1   Matthew Dillon, "Legal(and customary?) approaches to the disabled in ancient Greece", *Disability in Antiquity*, ed. Christian Laes, Routledge, 2017, p.172.

방지하기 위해 이 제도를 만들었습니다. 장애를 가지고도 시민으로서 평등한 삶을 누려야 한다는 민주주의 정신이 장애인 연금을 만든 거죠. 기원전 322년 마케도니아 왕국과 전쟁에서 아테네 민주정이 패배한 후 이 연금 제도는 사라졌는데[2] 그것도 장애인 연금이 민주주의와 밀접하게 연관된 걸 시사합니다.

『리시아스 변론집』에는 장애인의 평등에 대한 민주적인 감각이 운명의 평등성에 기대고 있음을 말해 주는 대목이 있습니다.

> 의원 여러분, 불운하게도 우리가 가장 귀중한 것을 잃었기 때문에, 이 도시가, 불운과 행운의 기회는 모든 사람에게 다 똑같다고 보고, 우리가 연금을 받도록 허락했기 때문입니다.[3]

장애를 갖게 된 건 불행한 운명입니다. 아테네 정부는 "불운과 행운의 기회는 모든 사람에게 다 똑같다고 보고" 장

---

2   ibid., p.179.
3   리시아스, 『리시아스 변론집 2』, 최자영 옮김, 나남출판, 2021, 59쪽.

애인도 시민으로 평등하게 살 수 있도록 연금을 주었습니다. 불운과 행운의 기회는 장애인과 비장애인 모두에게 평등하게 주어집니다. '아두나토이'의 불운은 그들의 잘못이 아니고, 그들에게만 주어진 운명도 아닙니다. 장애의 운명은 장애인과 비장애인 모두에게 무차별적으로, 평등하게 열려 있는 기회입니다. 그렇기 때문에 비장애인은 장애인의 운명을 남의 일로 치부해서는 안 됩니다. 그 운명은 얼마든지, 언제든지 나의 몫일 수 있다는 연대감을 가져야 합니다.

이처럼 장애를 불행한 운명으로 보는 '비극 이론'이 꼭 사회적 책임을 회피하는 건 아닙니다. 그런 회피는 기독교적 운명론의 특징입니다. 운명을 결정하는 신의 뜻이 인간의 자유의지와 분리되어 초월적으로 설정되고, 그 초월 의지를 해석하는 특권 계급의 사회적 이념에 따라 해석되기 때문에 운명론이 차별의 근거로 기능한 겁니다. 사회적 장애모델은 그런 기독교적 운명론에 저항하면서 출발한 근대 계몽주의 전통 속에서 나왔기에 운명론과 사회적 책임을 대립시켰습니다. 하지만 고대 그리스의 운명론은 다릅니다. 고대 그리스에서도 운명은 신의 뜻으로 이해되지만 그리스의 신들은 너무나 인간적입니다. 신의 뜻은 인간들의 자유의지가 씨줄과 날줄처럼 만나고 엮이면서 만든 불가해한 텍스트 같은 것입니다. 아폴론 신전의 사제들이 인간 사회의 소문을 모아 수수께끼 같은 신탁을 전하지만 아테네 민주정의 시민들은 특유의 평등 감각으로 "불운과 행운의 기회는 모든 사람에게 다 똑같다"고 보았습니다.

운명의 평등성(무차별성)을 잘 보여 주는 제도가 바로 아테네 민주정의 추첨제입니다. 아테네 행정부를 구성했던 칠백 명 가운데 육백 명 정도가 추첨을 통해 뽑혔습니다. 시민들의 대표 기구인 500인 평의회 역시 추첨으로 선발했고, 사법부에 해당하는 헬리아스타이에 참여할 배심원 육천 명 역시 추첨으로 뽑았습니다. 사령관이나 특수한 자질이 필요한 사람을 선발할 때는 선거를 했지만 '민의'를 대변할 때는 일반적으로 추첨을 했습니다.

왜 그랬을까요? 능력 있는 사람을 선거로 뽑아 민중을 대리하고 지도해야 한다는 능력주의(meritocracy)는 엘리트주의의 꽃이지 민주주의(democracy)의 꽃이 아닙니다. 능력이라는 것도 신분, 재산, 명성과 결부되고 대대로 상속되어 구조적 차별의 요인이 될 수 있습니다. 그걸 잘 알기에 아테네 민주정은 선거가 아니라 추첨을 통해 민중(demos)의 의지를 정치에 반영했습니다. 추첨은 사람을 차별하지 않기 때문입니다. 운명의 텍스트를 짜는 여신들에게 결정을 맡기는

오이디푸스, 장애인 되다

방법입니다. 추첨으로 뽑힌 사람이 못나서 일을 망치면 어쩌냐고요? 엄격한 심사 제도와 탄핵 제도로 문제점을 보완하면 됩니다. 잘못을 시정하는 것보다 차별을 교정하는 게 훨씬 더 어렵습니다. 장애인의 운명도 마찬가지입니다. 장애의 운명은 장애인에게만 특화된 게 아니라 모든 사람에게 평등하게 열려 있는 기회입니다. 이런 기회의 평등성에 입각하여 아테네 민주정은 장애인도 시민으로서의 평등한 삶을 영위할 수 있도록 장애인 연금을 지급한 것입니다.

6.
아픈 몸이
가고자 하는 곳으로
전체를

소포클레스의 「필록테테스」는 기원전 409년, 소포클레스가 죽기 삼 년 전에 공연되었습니다. 창작 시기도 그렇고, 문제 상황이나 주제의식까지 「콜로노스의 오이디푸스」와 비슷합니다. 오이디푸스처럼 필록테테스도 버려진 장애인으로, 그의 마음을 얻는 나라가 전쟁에서 승리한다며 운명의 부름을 받습니다. 사회적 약자를 포용하는 민주주의 정신이 펠로폰네소스 전쟁에서 아테네를 승리로 이끌 것이라는 주제의식도 비슷합니다.

오이디푸스, 장애인 되다

버려진 아픈 몸

비극은 렘노스 섬에 버려진 필록테테스를 납치하러 온 오디세우스와 네오프톨레모스의 대화로 시작합니다. 오디세우스의 첫 대사에 따르면, 필록테테스가 이 섬에 버려진 이유는 발에 난 상처 때문입니다. 필록테테스는 아가멤논과 메넬라오스가 이끄는 트로이 전쟁에 참전한 군인이었습니다. 그런데 무시무시한 독사에 물려서 상처가 썩어 들어가는 병에 걸렸습니다. 오디세우스는 그런 필록테테스를 섬에 버린 이유를 이렇게 설명합니다.

> 썩어 들어가는 발에서는 고름이 흘러내려
> 우리는 제주도, 제물도
> 방해받지 않고 조용히 바칠 수가 없었지.
> 진영 전체가 그의 사납고 불길한 비명과
> 신음 소리로 가득 찼으니까.
>
> (소포클레스, 「필록테테스」, 7~10행)

그리스군 함대는 트로이로 진격 중이었습니다. 그런데 발에 난 상처로 밤낮으로 비명과 신음을 질러대는 필록테

6. 아픈 몸이 가고자 하는 곳으로 전체를

테스 때문에 진격이 힘들어졌습니다. "불길한 비명과 신음" 으로 함대의 사기가 바닥으로 가라앉았기 때문입니다. 이 상 황이 짐작되나요? 이 상황 속의 누구에게 공감되나요? 필록 테스와 비슷한 염증에 시달려 본 적 있습니까? 저는 초등 학교 4~5학년 때 턱, 등, 겨드랑이, 허벅지로 옮겨 가며 생긴 종기 때문에 많이 아팠던 적이 있습니다. 척수장애인이나 뇌 병변장애를 가진 사람 중 욕창의 고통을 모르는 사람은 드물 겁니다. 항생제도 없고, 마땅한 진통제도 없는 상황에서 고름 이 뚝뚝 떨어질 정도로 상처가 썩어 들어가는 통증에 시달린 필록테스의 상황이 공감되나요? 아니면, 아가멤논을 비롯 한 그리스 함대의 병사들에 공감되나요? 제 아내는 남다른 데시벨로 고통을 호소하는 특성이 있습니다. 두통이나 복통, 월경통이 몰려올 때는 연신 "아이고, 아파! 죽을 것 같아!" 하 며 비명과 신음을 유난스럽게 지릅니다. 집 안이 아내의 신 음과 비명 소리로 가득 차면 옆에 있는 나도 우울해지고, 왠 지 모를 비참함과 울화가 치밉니다. 거주시설에서 다른 장애 인이 욕창의 고통에 밤새 신음과 비명을 지르는 걸 옆에서 들을 때 어땠나요? 하루 이틀도 아니고 그런 상황이 기약 없 이 이어지면 어떨 것 같나요? 그것도 참 고통스럽죠.

어느 쪽이나 괴로운 상황에서 그리스 함대는 사람이

오이디푸스, 장애인 되다

그림 21

장 제르맹 드루에, 「렘노스 섬의 필록테테스」, 1786년.

살지 않는 렘노스 섬에 정박하고, 필록테테스는 통증에 몸부
림치다 기절한 듯 잠듭니다. 오디세우스의 제안을 따라 그리
스 군대는 필록테테스를 섬에 남겨 두고 배를 몰아 트로이로
가 버렸습니다. 그 후 그리스군은 십 년 동안 트로이의 프리
아모스 왕국을 공격했지만 함락하지 못한 채 전쟁은 교착 상
태에 빠졌습니다. 렘노스 섬에 홀로 남은 필록테테스는 그동
안 염증의 통증과 배고픔, 외로움의 고통에 시달리며 살아왔
습니다. 그런데 왜 그를 버리는 데 앞장선 오디세우스가 렘

6. 아픈 몸이 가고자 하는 곳으로 전체를

노스 섬에 돌아온 걸까요?

조력 자살과 고통의 종식

「콜로노스의 오이디푸스」처럼 추방된 자를 데려오라는 신탁 때문입니다. 트로이의 예언자 헬레노스에 따르면 그리스 군대가 필록테테스를 데려오지 않으면 전쟁이 끝나지 않는다는 게 신의 뜻이랍니다. 필록테테스가 왜 종전의 열쇠를 갖고 있다는 걸까요? 바로 그가 지닌 활과 화살 때문입니다. 원래는 헤라클레스의 것이었으나 죽음의 순간 필록테테스에게 넘겨준 그 활과 화살로, 전쟁의 빌미를 제공한 파리스의 심장을 꿰뚫어야 전쟁이 끝난다고 합니다.

헤라클레스의 활과 화살이 필록테테스의 손에 넘어간 것은 요즘 논란 중인 조력 존엄사와 관련 있습니다. 헤라클레스는 무분별한 살생과 바람기 때문에 끔찍한 고통 속에서 죽었습니다. 그의 바람기를 잠재우려고 아내가 입혀 준 옷에 히드라의 독이 묻어 있었거든요. 독이 스며들자 온몸이 불타는 듯한 통증에 헤라클레스는 몸부림칩니다. 너무 고통스러운 나머지 헤라클레스는 제물을 바치는 장작더미 위에 올라가 지나가는 사람에게 불 좀 붙여 달라고 요청합니다.

오이디푸스, 장애인 되다

온몸이 썩어 불타는 듯한 통증에 시달리느니 차라리 몸을 불태워 고통에서 해방되는 죽음을 선택하겠다는 것이지요. 고통만 남은 시한부 환자가 의사에게 자살 조력을 요청하는 상황과 비슷합니다.

하지만 아무도 헤라클레스의 부탁을 들어주지 않았습니다. 자살을 도와주는 것은 예나 지금이나 도덕적으로 지탄받을 행동이니까요. 오직 필록테테스만 헤라클레스의 부탁대로 장작에 불을 붙였습니다. 온몸이 불길에 휩싸이기 직전 헤라클레스는 자신을 고통에서 해방시켜 준 보답으로 필록테테스에게 활과 화살을 건네줍니다. 히드라의 저주 때문이었을까요? 헤라클레스를 고통에서 해방시킨 필록테테스는 결국 독사에 물려 헤라클레스처럼 불타는 듯한 염증의 고통에 시달립니다. 이번에는 누가 그를 고통에서 구원하고 헤라클레스의 활과 화살을 건네받을까요? 그 화살은 파리스의 심장을 꿰뚫으면서 십 년 전쟁의 고통을 종식시킬 겁니다. 이 비극의 플롯은 '고통의 종식'을 중심으로 짜여 있습니다.

전사와 정치인

오디세우스는 이 섬에 혼자 오지 않고 네오프톨레모스와 함께 왔습니다. '젊은(네오) 전사(프톨레모스)'라는 뜻의 이름을 가진 그는 아킬레우스의 아들로, 트로이 전쟁 말기에 참전했습니다. 그가 트로이에 왔을 때 그의 아버지 아킬레우스는 파리스가 쏜 독화살에 발목을 맞아 죽고 난 후였습니다. 아킬레우스의 아들로서 아킬레우스의 칼과 방패를 물려받아야 하지만 그리스 장군들의 투표에 따라 오디세우스가 그 무구를 차지했습니다. 이 무구 상속 투표는 지난번에 살펴본 소포클레스의 「아이아스」에서 묘사된 아이아스의 자살과도 깊은 관련이 있습니다. 아킬레우스 다음으로 용맹한 전사 아이아스를 누르고 전략과 언변이 뛰어난 오디세우스가 장군들의 선택을 받아 무구를 상속받게 되었죠. 이로 인해 아이아스가 미쳐 날뛰다가 자살하고 말았던 겁니다. 오디세우스는 자신이 연루된 아킬레우스 무구 상속 논쟁을 이용해서 필록테테스를 납치하려는 계략을 세웁니다.

오디세우스가 네오프톨레모스를 동원하여 짠 계략은 '동병상련'의 감정을 이용한 것입니다. 필록테테스와 마찬가지로 네오프톨레모스도 오디세우스에게 원한을 가질 사람입니다. 그 공통점을 이용하여 필록테테스의 마음을 얻어 배에 태우라는 것이 오디세우스가 네오프톨레모스에게 부여한 역할입니다. 이것이 원한에 사로잡힌 자의 가공할 화살을

오이디푸스, 장애인 되다

피해 말로써 상대를 움직이게 하는 오디세우스의 계략입니다. 어때요? 과연 지혜롭기로 유명한 오디세우스다운 계획이죠? 교활하다고요? 오디세우스 본인은 자신의 계획을 어떻게 평가할까요? 네오프톨레모스에게 계획을 말해 주기 전 그는 "오늘 하루만 잠시 파렴치를 위해 그대를 내게 빌려주시오"(83행)라고 말합니다. 자신의 계략이 파렴치하다는 걸 알기는 하죠. 그럼에도 그는 "이익을 위해 행동할 때는 까다롭게 굴어서는 안 된다"(109행)라고 생각하는 사람입니다. 선함보다 이로움을 추구하는 공리주의(utilitarianism)가 오디세우스의 철학입니다.

네오프톨레모스는 다릅니다. 오디세우스의 계략을 들은 네오프톨레모스는 "간계로 목적을 달성하는 것은 내가 타고난 본성이 아니"(90행)라고 말합니다. 전쟁에서 승리하려면 어쩔 수 없다고 하자 "자신은 비열한 방법으로 이기느니 차라리 옳은 일을 하다가 실패하고 싶다"(95행)고 말하는 성격입니다. 그러자 오디세우스는 전사 혈통의 기질을 언급합니다.

그 아버지에 그 아들이로군.
나도 그대처럼 젊었을 적에는 혀는 느리고 손은 빨랐

다오.

하지만 지금은 경험을 통해 알게 되었지요.

인생 제반사에서 주도적 역할을 하는 것은

행동이 아니라 말이라는 것을

(소포클레스, 「필록테테스」, 96~100행)

오디세우스의 말에서 우리는 아테네를 지배한 두 가지 영웅상을 도출할 수 있습니다. 먼저 아킬레우스와 네오프톨레모스처럼 정의롭고 용감한 전사의 형상입니다. 또 하나는 오디세우스처럼 다수의 이익을 위해 기만술도 마다하지 않는 정치인의 형상입니다. 이 둘은 아테네 민주정의 역사에서 서로 다른 시대정신을 대변합니다. 오디세우스가 "젊었을 적에는" 아킬레우스처럼 용감하고 정의로운 전사가 아테네 민주정의 시대정신을 대변했습니다. 그때는 소포클레스도 젊었을 때입니다. 페르시아 제국과의 전쟁에서 승리한 후 아테네 민주주의가 전성기를 구가하던 때 아테네 민주주의를 떠받치는 정신은 진실함과 용기였습니다. 전장에서뿐만 아니라 민회에서도 목숨을 걸고 '용감하게 진실을 말하는' 파레지아(parrhēsia)가 아테네 민주주의의 근간이자 힘의 원천이었습니다.[1]

오이디푸스, 장애인 되다

펠로폰네소스 전쟁이 수십 년 이어지고 아테네가 이끄는 델로스 동맹이 제국주의로 변질되면서 아테네 민주정의 시대정신도 타락합니다. 서로를 설득하고 합의를 이끄는 파레지아 대신 수단과 방법을 가리지 않고 대중을 설득하는 수사학이 판을 칩니다. 그리고 델로스 동맹의 맹주로 자처한 아테네가 자국의 이익을 최우선의 가치로 내세우면서 보편적 정의보다 국익이, 용기보다 책략이 우세한 가치로 여겨졌습니다. 생명과 국운을 건 전쟁 상황이 길어질수록 국익과 책략을 앞세운 오디세우스 같은 인물이 시대정신을 대변하게 되었습니다. 이 비극의 상황도 그런 현실을 반영합니다. 필록테테스의 활이 없으면 전쟁에서 질 거라는데 어쩌겠습니까. 오디세우스는 "거짓말이 우리를 구해 준다면"(109행) 부끄러움도 감내해야 한다고 합니다. 오디세우스는 주저하는 네오프톨레모스에게 이번 일만 성공하면 "그대는 지혜로우면서도 용감하다는 말을 듣게 될 것"(119행)이라며 전사의 명예욕을 자극하고, 네오프톨레모스는 오디세우스의 계획에

1   Michel Foucault, *The Courage of Truth: The Government of Self and Others II: Lectures at the College de France, 1983~1984*, trans. Graham Burchell, St Martins Press, 2011, p.9.

그림 22

프랑수아 자비에 파브르, 「오디세우스와 네오프톨레모스가 필록테테스로부터 헤라클레스의 활과 화살을 빼앗다」, 1799~1800년.

동참합니다.

정신착란 범죄와 신체장애 군인

네오프톨레모스는 오디세우스의 각본대로 필록테테스를 만나 동병상련의 정을 나눕니다. 필록테테스는 반가운 마음에 섬에 갇혀 있는 동안 그리스 군대에 일어난 소식을 묻습니다. 아킬레우스 다음으로 용감한 전사인 아이아스가 죽었다는 소식에 필록테테스는 슬퍼합니다. 소포클레스의 「아이

오이디푸스, 장애인 되다

아스」에서 아이아스는 아킬레우스 무구 상속 투표에서 오디세우스에게 진 것에 광분하여, 정신착란 상태에서 가축 떼를 그리스 장군으로 오인하고 마구잡이로 때려 죽였습니다. 착란에서 깨어난 아이아스는 수치심에 자살했습니다.

그리스 비극에는 이처럼 일시적인 정신착란에 빠진 인물이 광란의 살육을 벌이고 깨어난 후 수치감에 빠지는 장면이 간간이 나옵니다. 「바쿠스 여신도들」에서 정신착란 상태에서 자기 아들의 목을 베어 버린 아가우에도 그렇고, 필록테테스에게 활을 물려준 헤라클레스도 정신착란 상태에서 가족들을 죽였습니다. 그는 원수의 손에서 아내와 자식들을 구출한 후 갑자기 정신착란에 빠져 기껏 구해 낸 아내와 자식을 마구 때려죽였습니다. 환각 상태에서 아내와 자식을 원수의 가족으로 오인한 겁니다. 이런 장면들은 당대 현실에서 일어난 정신착란 범죄를 모방한 것으로 보입니다.

필록테테스는 아이아스의 죽음을 슬퍼하는 한편 "아무짝에도 쓸모없으나 말솜씨만은 빈틈없는 교활한"(439행) 테르시테스의 생존 소식에 "쓸 만한 것은 망하고 겁쟁이가 통치하는"(456행) 현실을 한탄합니다. 아이아스의 죽음을 한탄한 것은 그가 아킬레우스와 같은 용감한 전사이기 때문이고, 테르시테스의 생존을 한탄하는 것은 그가 오디세우스 같

6. 아픈 몸이 가고자 하는 곳으로 전체를

은 교활한 언변가이기 때문입니다.

　아이아스만큼 유명하진 않지만 '테르시테스'라는 인물에 대해서는 좀 더 살펴볼 필요가 있습니다. 테르시테스는 교활한 언변가일 뿐 아니라 신체장애인입니다. 호메로스의 「일리아스」 2권에 나오는 테르시테스는 그리스군 중 가장 못생긴 자로 소개됩니다. 그의 신체는 단지 못생긴 것 이상의 기형으로 묘사됩니다.

> 그는 일리아스에 온 사람들 중에서 가장 못생긴 자로
> 안짱다리에 한쪽 발을 절고
> 두 어깨는 굽어 가슴 쪽으로 오그라졌다.
> 어깨 위에는 원뿔 모양의 머리가 얹어져 있었고,
> 거기에 가느다란 머리털이 드문드문 나 있었다.
>
> (호메로스, 「일리아스」 2권, 216~219행)

　안짱다리에 한쪽 발을 절고, 어깨는 가슴 쪽으로 심하게 오그라져 굽어 있고, 원뿔 모양의 대머리가 어깨에 파묻혀 있다는 묘사는 절름발이, 곱추, 뇌성마비 장애인의 인상을 섞은 모습입니다. 그런 신체장애를 가진 테르시테스는 권력과 예의를 안 따지고 눈에 거슬리는 대상에 독설을 퍼부었습

오이디푸스, 장애인 되다

그림 23

테르시테스를 공격하는 아킬레스. 고대 로마 석관, 2세기.

니다. 아킬레우스가 전장을 떠나자 오디세우스는 대책 마련을 위해 군대 회의를 소집합니다. 군 회의에서 테르시테스는 아가멤논의 형편없는 리더십과 과욕을 조롱의 어조로 비난합니다. 다수의 병사들이 그와 같은 생각이지만 감히 사령관 면전에 독설을 날린 것에 대해서는 황당해 했지요. 테르시테스의 독설이 끝나기도 전에 오디세우스가 나와서 테르시테스의 무례함을 욕하며, 지휘관이 지닌 홀로 그의 어깨와 등짝을 후려칩니다. 오디세우스의 호통과 매질에 주저앉은 테르시테스를 보고 병사들은 마음이 괴로우면서도 큰 소리로 웃습니다. 마음이 괴로운 건 바른 소리 하다 얻어맞는 장애인에 대한 연민 때문일 겁니다. 큰 소리로 웃은 이유도 그가 못생긴 장애인이기 때문입니다. 장애인에 대한 대중의 양가적인 태도를 엿볼 수 있습니다.[2]

아픈 몸과 장애인

이런 사정을 모르는지 필록테테스는 신체적으로 무능하고 언변만 뛰어난 테르시테스를 오디세우스와 같은 부류의 인간으로 치부합니다. 자기도 신체적 장애 때문에 군대에서 버려진 신세임에도 여전히 전사로서의 자긍심을 갖고 있는 까닭입니다. 비록 독사에 물려 다리를 절뚝거리고 악취와 신음 때문에 동료들로부터 버림받았지만 자신은 테르시테스처럼 못생기고 허약한 장애인과 다르다고 생각할 겁니다. 오늘날 많은 만성질환자들이 자신은 환자일 뿐 장애인은 아니라고 생각하는 것처럼 말이죠. 반대로, 테르시테스같은 장애인들

---

2   Robert Garland, "Disabilities in tragedy and comedy", *Disability in Antiquty*, ed. Christian Laes, Routledge, 2017, p.154.

이 자신은 못생겼을 뿐 병에 걸려 고통받는 환자는 아니라고 반목하는 경우도 많습니다.

낫지도 않고 죽지도 않는 만성질환자의 삶은 사회적 차별과 배제의 지점에서 장애인의 경험을 공유합니다. 마찬가지로 장애인 중에서 손상으로 인한 신체적, 정신적 고통을 겪지 않는 사람이 적습니다. 장애인에게 손상의 고통은 일상이고 때로는 죽음을 앞당기는 원인이 되기도 합니다. 2000년부터 한국은 신장, 심장, 간, 호흡기, 장루, 요루 환자 등 내부 장기의 손상으로 장기간 사회생활에 심각한 제약이 있는 사람을 장애인으로 등록시켰습니다. '에이즈' 환자의 경우 한국은 아직 아니지만, 이미 미국과 일본에서는 장애인으로 등록됩니다. 뚜렛증후군 환자를 장애인으로 인정해야 한다는 법원의 판결 이후 복합부위통증증후군(CRPS) 환자도 장애인 등록이 가능할 전망입니다. 만성질환자와 장애인의 경계가 무너지는 것이 세계적인 추세입니다. 여기에 늙은 몸까지 더해지면 장애인의 세계는 더욱 넓어집니다. 아픈 몸과 늙은 몸, 그리고 장애 있는 몸은 차이점보다 공통점이 더 많습니다. 셋 다 무능하고, 쓸모없고, 성가시고, 지역사회 구성원으로 함께 살 수 없는 몸으로 여겨집니다. 그러니 서로 반목할 게 아니라 서로의 경험을 공유하며 공통의 목표를 세워 연대하는 게 좋겠죠.

무대 위 고통의 호소

필록테테스는 네오프톨레모스에게 부디 자신을 고향으로
데려가 달라고 부탁합니다. 오디세우스의 각본에 따라 필록
테테스는 그러겠다고 약속합니다. 그때 선주로 변장한 정탐
꾼이 나타나 오디세우스가 필록테테스를 납치하러 온다고
말합니다. 오디세우스가 자신을 납치하러 온다는 말에 조급
해진 필록테테스는 네오프톨레모스더러 얼른 자기를 배에
태워 고향으로 가자고 합니다. 그때까지만 해도 네오프톨레
모스는 오디세우스의 각본대로 필록테테스를 태운 후 트로
이로 배를 몰 생각이었습니다. 하지만 필록테테스가 고통받
는 모습을 지켜보면서 마음이 흔들립니다.

　필록테테스는 고통의 화신입니다. 아무도 살지 않고
사방을 둘러봐도 아무것도 없는 이 섬에 "고통만 아주 넉넉
했다"(284행)고 합니다. 상처 난 발의 염증은 주기적으로 참
을 수 없는 통증을 일으킵니다. 통증이 잦아질 즈음엔 배고
픔의 고통에 몸부림치고, 활을 쏘아 잡은 비둘기를 주워 오
려면 또다시 발의 통증을 겪어야 합니다. 신체적 고통보다

　　　　　　　오이디푸스, 장애인 되다

견디기 힘든 건 버려졌다는 자괴감과 분노, 잊을 만하면 불쑥불쑥 치미는 원한, 원한을 토로할 사람조차 없는 외로움의 고통입니다.

오디세우스의 각본이 절정에 이를 즈음 필록테테스의 고통도 절정에 이릅니다. 네오프톨레모스를 따라가려고 동굴에서 활과 화살을 갖고 나온 필록테테스는 갑자기 "입을 다물고 놀란 사람처럼 서"(731행) 있습니다. 그리고 "아야, 아야!" 하며 비명을 지릅니다.

> 나는 끝장이오. 젊은이여! 이제 더 이상
> 그대에게 내 고통을 숨길 수 없게 되었구려.
> 아아, 꿰뚫는구나, 꿰뚫어! 젊은이여.
> 나는 끝장났소. 나를 집어삼키는구나.
> 아이코 아파, 아이코 아파!
> 신들의 이름으로 부탁하오. 손에 칼 가진 게 있으면
> 내 발꿈치를 내리치시오. 젊은이여!
> 어서 빨리 베어 버리시오. 내 목숨은 염려 말고.
> 자, 어서. 젊은이여!
>
> (소포클레스, 「필록테테스」, 742~750행)

비극의 전환점이 되는 장면입니다. 갑자기 왜 그러냐 니까 필록테테스는 "이 병은 다른 곳을 돌아다니다가 싫증이 나면 가끔씩 찾아오곤 하니까요"(757~759행)라며 통증의 주 기적 역학을 절실하게 묘사합니다. "아아", "아이코 아파" 같 은 감탄사, "꿰뚫는구나", "집어삼키는구나" 같은 술어, 손에 칼이 있거든 자기 발꿈치를 베어 달라는 심리 묘사는 너무나 실감나서 눈앞에 그려질 정도입니다. 디오니소스 극장의 무 대 위에서 필록테테스를 연기하는 배우의 신음과 비명, 절뚝 거리다 쓰러지고, 바닥을 구르다 죽여 달라며 매달리는 모습 을 상상해 보십시오.

기원전 406년 디오니소스 극장에서 고통받는 필록테 테스를 보는 아테네 시민들은 어땠을까요? 펠로폰네소스 전 쟁 후반기 전장에서 돌아온 병사들과 출정을 앞둔 병사들, 혹은 그 가족들은 필록테테스의 신음과 비명, 고통의 몸부림 을 어떤 마음으로 보고 들었을까요? 고통에 몸부림치는 필 록테테스가 관객들을 향해 "나를 불쌍히 여기시오!" "겁이 난 다고 나를 버리지 마시오"(757행)라고 호소할 때 그들은 마 음속으로 뭐라고 대답했을까요?

필록테테스는 고통이 지나갈 때까지 맡아 달라며 네 오프톨레모스에게 활과 화살을 건넵니다. 그리고 또다시 해

일처럼 몰려온 고통에 소리칩니다.

> 오오. 죽음이여, 죽음이여, 내 너를 이렇게 날마다
> 계속 부르거늘, 어째서 너는 오지 못하는 게냐?
> 고귀한 젊은이여, 자, 그대는 나를 붙잡아
> 저기 저 렘노스의 불이라 불리는 불 속에 살라 버리시오.
>
> (소포클레스,「필록테테스」, 796~800행)

필록테테스는 예전 헤라클레스가 그랬던 것처럼 자신을 불살라 달라고 소리치고, 그의 활과 화살을 네오프톨레모스에게 건네줍니다. 자기가 고통에 몸부림치다 기절한 동안 활과 화살을 지켜 달라며. 그 순간 네오프톨레모스는 마음이 흔들립니다. 필록테테스의 고통에 공감하게 된 겁니다.

> 네오프톨레모스: 아까부터 나는 마음 속으로
> 그대의 고통을 슬퍼하고 있었소.
> 필록테테스: 하지만 젊은이여, 용기를 잃지 마시오.
> 이 고통은 올 때는 격렬하지만,
> 갈 때는 재빨리 가 버리니까요.
> 다만 한 가지 부탁할 것은,

나를 혼자 남겨 두지 말라는 것이오.

(소포클레스,「필록테테스」, 805~808행)

고통받는 이가 자기 곁을 지키는 이에게 용기를 내라는 건 놀랍지 않나요? 고통받는 자가 몸부림치는 동안 곁을 지키는 자에게 필요한 건 용기입니다. 왜냐하면 고통은 옆에서 지켜보는 사람까지 두렵게 하기 때문입니다. 고통의 두려움에 뒷걸음쳐 도망가지 않고 끝까지 곁을 지키기 위해서는 용기가 필요합니다. 용기가 있어야 공감도 오래가고 고통받는 자의 의지도 지켜 줄 수 있습니다. 필록테테스의 고통은 발에 난 상처뿐만 아니라 동료로부터 버림받은 마음의 상처 때문에 더욱 사무칩니다. 그래서 고통받는 자의 구원은 의료적 조치에 앞서 지속적인 공감과 혼자 남겨 두지 않겠다는 연대에서 시작합니다. 필록테테스의 "나를 혼자 남겨 두지 말라"는 말은 화살처럼 날카롭게 옆에서 지켜보는 네오프톨레모스의 심장을 파고듭니다.

어떡할까, 여러분들?

네오프톨레모스는 필록테테스에게 '결코 혼자 남겨 두지 않

오이디푸스, 장애인 되다

겠다'고 약속합니다. 필록테테스는 그 약속을 믿고 동굴에 들어가 깊은 잠에 빠집니다. 헤라클레스의 활과 화살은 이미 네오프톨레모스의 손에 넘어갔고, 필록테테스는 완전 무방비 상태에 빠졌습니다. 오디세우스의 계획을 방해할 것은 이제 아무것도 없습니다. 바로 그 순간, 네오프톨레모스의 자유 의지가 결정적인 변수로 등장합니다. 무방비 상태에 놓인 자와의 약속, 거짓으로 한 약속, 어겨도 아무런 제재가 없는 약속이 가장 큰 힘으로 오디세우스의 계획을 망가뜨립니다. 네오프톨레모스의 마음이 바뀐 겁니다. 신은 바로 이런 때 부르라고 있는 겁니다. 그는 선원들(코러스)에게 "그를 데려오라고 신께서 명령하셨네"(841행)라고 말합니다.

필록테테스가 잠에서 깨어나자 네오프톨레모스는 자신의 거짓을 고백합니다. 실은 필록테테스를 데리고 트로이로 갈 생각이었다고 고백합니다. 그러자 필록테테스는 자신을 버린 그리스군이 또다시 자신을 속였다며, 이번에는 활까지 빼앗았다며 분개합니다. 그러면서 네오프톨레모스의 바짓가랑이를 붙들고 정의로운 본성에 호소합니다. "그대는 악당이 아니오!" 그러자 네오프톨레모스는 관객을 향해 "어떡할까, 여러분들?"(973행) 하고 묻습니다. 무대 위의 배우가 관객들을 향해 질문을 던지다니, 놀랍지 않나요? 이것은 비극이 공연되는 방식과 분위기를 잘 보여 줍니다. 비극은 캄캄한 관람석에 앉아 숨죽이고 관람하는 연극이 아닙니다. 비극은 디오니소스 제전 한가운데 시민들 속에서 관객과 함께 호흡하고 공감하고 토론하며 공연되었습니다. 공연 관람은 무료였고, 어떨 때는 일당까지 줘 가며 관람을 권하기도 했습니다. 아테네 시민에게 비극을 관람하는 것은 민회에 참여해서 국정을 토론하고 합의하는 일의 연장선에 있었습니다. 드라마에 몰입해서 감정의 찌꺼기를 배설하고 마는 것이 아니라, 무대 위의 논쟁에 참여하고 의견을 모으는 일이었습니다.

비극의 소재는 신화나 전설에서 가져왔지만 작가들은 아테네 시민사회의 이슈들을 섞어 흥미와 논쟁을 불러일으켰습니다. 전쟁에 참전했다가 부상을 당해 군대에서 버려진 병사의 이야기는 펠로폰네소스 전쟁 기간 아테네 사회의 가장 민감한 이슈였을 겁니다. 국익을 빌미로 버림받은 병사가 고통을 호소하며 국익보다 자신의 고통에 공감해 주기를 호소할 때 아테네 시민들은 어떤 생각을 했을까요? 지금도 그럴 테지만, 아마 의견이 분분했을 겁니다. 어떤 관객은 필록테테스의 호소에 공감했을 테지만 어떤 관객은 그래도 국익이 우선이라고 생각했을 겁니다. 그런 논쟁적인 상황에서 무대 위의 네오프톨레모스는 "어떡할까, 여러분들?" 하고 물

오이디푸스, 장애인 되다

그림 24

기욤 기용 르티에르, 「렘노스 섬의 필록테테스」, 1798년.

은 겁니다.

과오를 취소하는 용기

그때 오디세우스가 나타나 공감의 분위기를 깨 버립니다. 자신의 동병상련 계략이 두 사람의 동병상련으로 실패할 걸 예감한 오디세우스는 직접 모습을 드러내 네오프톨레모스가 갖고 있던 활과 화살을 가로챕니다. 필록테테스는 오디세우스를 보자 "그대들은 내게 악행을 저지른 대가로 죽게 되리라! 신들께서 정의를 존중하신다면"(1035~1036행)이라고 저주를 퍼붓습니다. 자신을 버린 나라에 대해 망해 버리라고 쏘아붙이는 모습은 콜로노스의 오이디푸스와 비슷합니다. 그럼, 콜로노스의 오이디푸스를 납치하러 온 크레온 역할은 누굴까요? 네, 오디세우스가 그 역할입니다. 다만, 극우 보수파의 성격인 크레온과 달리 오디세우스는 중도 민주파의 면모를 보입니다. "그때그때 필요에 따라 최선을 다하는 사람"(1049행)을 자임하는 오디세우스는 필록테테스를 남겨 두고 활과 화살만 가지고 트로이로 돌아가겠다고 합니다. 꼭 필요한 것은 헤라클레스의 활과 화살이니까. 국익을 위해 오디세우스는 이번엔 생존의 무기까지 빼앗은 채 필록테테스를 두 번째로 렘노스 섬에 버려 둡니다.

네오프톨레모스는 지휘관인 오디세우스를 따라 배로 가다가 뭔가 결심한 듯 걸음을 멈추고 필록테테스에게로 발길을 돌립니다. 오디세우스가 이유를 묻자 네오프톨레모스는 "과오를 취소하려는 것"이라고 대답합니다. 네오프톨레모스의 말은 펠로폰네 전쟁 기간 아테네 민주정의 과오를 취소하기 위한 결정의 순간을 시사합니다. 기원전 428년 여름 미틸레네의 준동으로 레스보스의 도시들이 아테네에 반란을 일으켰습니다. 미틸레네의 과두파가 스파르타에 원군을 요

오이디푸스, 장애인 되다

청했으나 스파르타가 늑장을 부려 미틸레네는 아테네 함대에 완전히 포위됐습니다. 미틸레네는 아테네에 항복을 선언했지만 아테네 민회는 미틸레네 성인 남자를 모두 죽이고 여자와 아이들은 노예로 삼는다는 안을 통과시킵니다. 민회는 미틸레네에 있는 아테네 함대에 그 결정을 알리기 위해 연락선 한 척을 보냈습니다.

다음날 아테네 시민들은 어제 결정이 너무 가혹하지 않았나 하는 의구심이 들어 다시 민회를 소집했습니다. 몰살 찬성 측의 클레온은 강력한 대응만이 제국을 유지하는 길이라며 변함없는 악법을 운용하는 나라가 불안정한 좋은 법을 운용하는 나라보다 낫다고 웅변했습니다. 후대에 소크라테스가 한 말로 잘못 전해진 '악법도 법이다'라는 말은 실은 기원전 427년 아테네 민회에서 클레온이 한 말입니다. 하지만 다수 시민들은 클레온의 의견이 아니라 정의와 관용을 외친 디오도토스의 연설에 공감했습니다. 민회는 급히 다른 연락선을 띄워 전날의 연락선을 따라잡아 대학살을 막았습니다. 그때까지만 해도 아테네 민주주의는 힘이 있었습니다. 자신의 결정을 번복할 수 있는 용기, 자신의 오류를 교정할 수 있는 자신감, 전날의 메신저를 따라잡을 수 있는 속력이 있었습니다. 네오프톨레모스의 "과오를 취소하려는" 발걸음은 전날의 학살 결정을 취소하기 위해 민회가 보낸 날랜 연락선을 연상시킵니다.

그러나 전쟁이 장기화되고 전세가 불리해지면서 민주주의도 힘을 잃었습니다. 기원전 418년 만티네아 전투에서 패퇴한 뒤 초조해진 아테네는 기원전 416년 치명적인 결정을 내립니다. 스파르타에 군사 지원을 하고 있었지만 직접 참전하지는 않은 작은 섬나라 밀로스를 포위한 후 아테네는 밀로스에 스파르타와의 관계를 끊든지 몰살당하든지 둘 중 하나를 선택하라는 최후통첩을 보냈습니다. 밀로스는 그 협박에 굴하지 않았고, 아테네 민회는 순전히 자존심 때문에 밀로스의 성인 남자들을 모조리 죽이고 여자들과 아이들은 노예로 팔아 버리는 안을 통과시켰습니다. 아테네가 주도한 델로스 동맹이 원래의 민주주의 동맹에서 제국주의로 타락하는 결정적 순간입니다. 「필록테테스」의 오디세우스는 기원전 416년 아테네의 민회를 대변하는 인물입니다. 그가 자랑하는 지혜는 더 이상 진실과 정의에 이르는 길이 아니라 수단과 방법을 안 가리고 국익을 얻는 수단이고, 그의 특기인 현란한 말솜씨는 공론장의 생명인 진실한 말이 아니라, 기만과 협박도 서슴지 않는 설득술에 지나지 않습니다.

오이디푸스, 장애인 되다

고통받는 몸의 운명애

네오프톨레모스는 그리스군이 가만두지 않을 거라는 오디세우스의 협박에도 불구하고 필록테테스에게 돌아갑니다. 그는 먼저 진실한 마음으로 필록테테스에게 사과한 후 활과 화살을 돌려줍니다. 그리고 우정 어린 충고를 합니다. 고통에 집착하지 말고 치유의 길을 찾으라고, 트로이에 가면 뛰어난 의사가 있으니, 상처를 치료한 다음 헤라클레스의 화살로 전쟁의 고통도 종식하자고 제안합니다.

어때요? 여러분이라면 네오프톨레모스의 우정 어린 제안을 받아들일 건가요? 받아들인다고요? 무엇보다 상처를 낫게 해 준다는데 마다할 이유가 없겠죠. 따라가지 않겠다는 분은 이유가 뭔가요? 이미 두 번이나 속인 그리스군이 세 번은 못 속이겠냐고요? 자신을 버리고 기만한 그리스 군대를 어떻게 믿냐고요? 그 말도 일리가 있네요. 필록테테스도 고민합니다.

좋은 뜻에서 충고하는 이 사람의 말을
어떻게 귓등으로 듣는단 말인가?
하지만 내가 양보한다면? 그때는 이렇게 비참한

모습으로 내가 어떻게 사람들 앞에 나타난단 말인가?

(소포클레스, 「필록테테스」, 1350~1353행)

상처를 낫게 해 준다는 말에 따라 나서기엔 십 년의 고통과 외로움의 무게가 너무 큽니다. 그리고 치유에 대한 희망은 불확실합니다. 희망이 달콤할수록 실패의 쓰라림은 더욱 큽니다. 2004년 황우석 박사의 줄기세포 연구가 얼마나 많은 장애인에게 치유의 희망을 불러일으켰는지 기억하죠? 치유의 희망이 불타오를수록 장애의 결핍감 역시 커지고, 신기루 같은 희망은 고통을 배가시키는 고문이기도 하다는 걸 너무 많은 장애인들이 경험했습니다.

네오프톨레모스는 자신의 우정과 치유의 희망을 믿어 달라고 부탁합니다. 하지만 필록테테스는 결정적으로 자신을 버린 그리스군을 이롭게 할 수 없다면서 거절합니다. 콜로노스의 오이디푸스도 자신을 버린 테베에 절대 협조하지 않겠다고 했죠. 국가주의가 오늘날보다 약했던 걸까요? 오늘날의 '평범한 시민'이라면 아마 '어찌 그리 이기적일 수 있냐'고 욕했을 텐데 기원전 5세기 아테네의 시민 소포클레스는 오늘날보다 훨씬 더 많이 개인의 자존감을 소중하게 여긴 듯합니다.

오이디푸스, 장애인 되다

네오프톨레모스는 "불행할 때는 고집을 버리는 법을 배우도록 하라"(1387행)고 충고도 해 보고, 그러면 "아무 구원도 없이 종전처럼 살아가는"(1396행) 수밖에 없다면서 윽박지르기도 합니다. 필록테테스의 가장 큰 약점은 역시 상처의 고통이니까요. 그러자 필록테테스는 "내 몫의 고통을 참고 견디도록 나를 내버려두시오"(1397행)라고 말합니다. 정말 대단한 고집 아닙니까? 차라리 죽여 달라고 호소할 만큼 끔찍한 고통 아니었던가요? 그런데 치유의 희망을 제시한 친구에게 "내 몫의 고통을 참고 견디도록" 내버려 달라니? 이게 바로 필록테테스의 '운명애'입니다. 고통을 '내 몫'의 운명으로 받아 안겠다는 이 의지를 어떻게 이해할 수 있을까요? 수전 웬델은 『거부당한 몸』에서 치료적 관점에 저항하는 장애 있는 몸의 가치에 대해 말합니다.

> 장애를 차이로 인정한다는 것은 실질적으로 어떤 으미가 있는 것일까? 모든 장애가 비극적인 손실이고 모든 장애인이 '치유'되기를 원한다고 가정하는 것은 분명 아닐 것이다. 그것은 장애인이 지닌 지식과 관점을 찾아내고 존중하는 것을 의미한다. 그것은 익숙하지 않은 생각의 형태나 존재의 방식을 존중하고 그로

6. 아픈 몸이 가고자 하는 곳으로 전체를

부터 배우고자 하는 태도를 의미한다. 또한 인간 신체의 완벽함을 추구하고 통제하려는 환상을 포기한다는 것을 의미하기도 한다.[3]

고통받는 몸은 건강 사회가 놓친 앎과 관점을 갖고 있습니다. 치유의 희망에 저항하는 필록테테스의 비범한 존재 방식과 의식의 형태는 인간의 몸을 완벽하게 통제할 수 있다는 근거 없는 믿음과 완벽한 몸의 추구를 포기하게 만드는 힘이 있습니다.

네오프톨레모스는 필록테테스의 운명애를 받아들입니다. 그리고 필록테테스가 가고자 하는 고향으로 "자, 좋으시다면 갑시다"(1401행) 하고 외칩니다. 필록테테스의 고집도 대단하지만 네오프톨레모스의 신의와 용기도 정말 대단하지 않습니까? 필록테테스를 고향으로 데려감으로써 그리스 군대가 입을 손실, 그로 인해 네오프톨레모스 자신에게 가해질 비난과 처벌을 생각하면 그런 결정을 내리기 힘들 텐데 정말 대단하죠. 다시 말하지만, 이 비극은 펠로폰네소스 전쟁 말기에 상연된 것으로, 소포클레스는 이 비극을 통

3   수전 웬델, 『거부당한 몸』, 김은정 외 2인 옮김, 그린비, 2013, 165쪽.

해 '고통받는 병사가 가고자 하는 곳과 아테네 국가가 원하는 승리의 길이 다르다면 우리는 어디로 가야 하는가?' 하고 물은 것입니다. 고통받는 병사가 가고자 하는 곳이 진실과 정의의 길이라면, 그 아픈 몸이 가고자 하는 곳으로 사회 전체가 따라가야 한다고 말하는 것입니다. 그것이 아테네 민주주의가 가진 진정한 힘이라고, 아무리 전쟁이 수세에 몰려도 그 민주주의의 힘을 믿고 가자고 네오프톨레모스의 입장에서 말하는 것입니다.

　　네오프톨레모스가 필록테테스를 고향으로 데리고 가기로 결정한 순간 헤라클레스가 기계장치를 타고 무대 위에 등장합니다. 그리고 신의 이름을 걸고 필록테테스의 치유와 그리스군의 승리를 약속합니다. 그러자 필록테테스는 마음을 고쳐먹고 트로이로 가기로 결심합니다. 이런 걸 라틴어로 '데우스 엑스 마키나'(Deus ex machina), '기계장치의 신'이라고 부릅니다. 연극 말미에 신 역할의 배우가 기계장치를 타고 내려와 복잡한 갈등의 실마리를 한꺼번에 해결하는 방식을 가리킵니다. 소포클레스는 신에 의한 필록테테스의 전향적 결정을 사족처럼 덧붙임으로써 쓰라린 진실에 마주한 관객의 긴장을 풀어 줍니다. 그러면서 인간이 이로움을 포기하고 진실한 정의를 따를 때 신은 비로소 이로움을 준다는 신앙심을 표현한 것입니다.

아파도 미안하지 않습니다

2020년 7월 만성질환으로 아픈 사람들이 무대 위에서 자신의 이야기를 보여 주는 비극을 상연했습니다. 그 비극의 연출자는 연기 경험도 없고 질병으로 고통받는 몸을 춤출 수 있게 자극하려고 "바로 그 아픈 부분이 몸을 이끌게 하라. 그 부분이 가고 싶은 곳으로 온몸이 가게 하라"고 말했습니다. 그 말을 사회 전체에 적용할 수도 있을까요? '아픈 몸이 가고자 하는 곳으로 사회 전체가 가게 하라.' 시민연극 「아파도 미안하지 않습니다」는 소포클레스가 「필록테테스」로 했던 그 말을 지금 우리 한국 사회에 던졌습니다.

이 연극은 여러 측면에서 「필록테테스」와 닮았습니다. 우선 전문 배우가 아닌 일반 시민이 일정 기간 연습한 후 무대에 올라갔다는 점이 닮았습니다. 그들은 저마다 만성질환으로 고통받는 사람들로 우리 사회가 아픈 사람들을 어떻게 버렸는지, 몸의 고통에 더해 차별과 외로움의 고통이 얼마나 큰지 말하고 쓰는 모임을 가져 왔습니다. 모임을 이끈 조한진희는 글쓰기 모임이 진행될수록 생생함보다 가지런

오이디푸스, 장애인 되다

그림 25

시민연극 「아파도 미안하지 않습니다」 하이라이트 유튜브 스틸컷.

함이 늘어 가는 걸 느끼고 "자신의 감정과 좀 더 깊게 접촉하고, 좌절을 좀 더 과감히 드러내고자"[4] 연극을 기획했습니다.

그렇게 해서 올린 「아파도 미안하지 않습니다」가 오늘날의 다른 연극들보다 「필록테테스」와 더 공통된 점은 바로 날것의 고통을 무대 위에 올렸다는 점입니다. 근대 소설이나 드라마도 결핵이나 백혈병 같은 만성질환을 소재로 많은 이야기를 했지만 낭만적으로 미화하는 데 급급할 뿐 아픈

---

4   나드·다리아·박목우·안희제·재·홍수영 글, 조한진희·다른몸들 기획, 『아픈
     몸, 무대에 서다』, 오월의봄, 2022, 16쪽.

몸의 고통을 날것 그대로 보여 주지는 않습니다. 왜냐하면 근대 이후 아픈 몸의 고통은 되도록 빨리 제거되거나 감춰져야 할 것으로 여겨졌기 때문입니다.

앞에서 말한 것처럼 비극 「필록테테스」는 상처와 통증을 적나라하게 묘사합니다. 무엇보다 아픈 몸의 신음과 비명 소리는 공동체에서 추방되는 줄거리의 핵심 동기입니다. 그런 점이 「필록테테스」를 동시대 다른 비극 중 가장 디오니소스 제전에 걸맞은 작품으로 만듭니다. 왜냐하면 디오니소스는 몸이 깨지는 고통과 본능의 소리를 누구보다 잘 아는 신이기 때문입니다. 「아파도 미안하지 않습니다」 역시 만성 질환으로 아픈 몸의 고통을 무대에서 적나라하게 드러냅니다. 특히 크론병에 걸린 '희제'가 "아, 잠깐, 나 숨이, 잘 안, 쉬어져. (가슴 중앙부터 목까지 손으로 간신히 짚으며) 여기, 여기가 이상해. 머리가 깨질 것 같아"[5]라며 괴로워하는 장면이나 만성적인 턱관절 염증에 시달리는 '나드'가 고통에 발버둥 치며 "아, 다리만 움직여도 머리까지 아파. 배도 아파. 뭐가 잘못된 거지? 나는 언제까지 이렇게 살아야 하지? 하나님, 나를 버리셨나요? 내 고통이 당신과 상관이 없습니까? 하나님,

5   앞의 책, 315쪽.

차라리 나를 데려가 주세요"[6]라고 울부짖는 장면은 필록테테스가 고통에 몸부림치는 장면과 흡사합니다.

질병의 고통을 다룬다고 이 연극을 환우회의 '연극치료'로 봐서는 안 됩니다. 이 연극을 기획한 조한진희가 굳이 '환자', '환우'라는 용어 대신 '아픈 몸'이라는 호칭을 사용하는 것도 환우회 담론과는 다른 몸 담론을 형성하기 위해서입니다. 이 연극의 아픈 몸은 의료, 치료 담론에 예속된 환우회 담론에 저항합니다. 의사들의 불성실, 오만함, 무책임함을 비난하는 '희제'의 이야기부터 "완치란 허상이라는 것을 뒤늦게야 깨달았습니다. 이제 건강을 잃으면 모든 것을 잃는다는 압박 속에 더 이상 스스로를 가두지 않기로 했습니다. 나는 이제 완전한 치유가 아닌, 완전한 치유로부터의 자유를 원합니다"[7]라는 '나드'의 대사까지 이 연극은 의료 권력과 치유의 희망을 벗어나려 합니다. 특히 '완전한 치유'가 아니라 '완전한 치유로부터의 자유'를 원한다는 '나드'의 외침은 치유의 희망을 거절한 필록테테스의 "내 몫의 고통을 참고 견디도록 나를 내버려두시오"를 연상시킵니다. 몸의 고통을 인질로 삼은 의

6   앞의 책, 321쪽.
7   앞의 책, 325쪽.

료 권력의 치유 담론에 예속되어 자신의 질병을 더욱 저주하며 불확실한 희망에 자신을 고문하지 않겠다는 것입니다. 고통받는 몸의 운명애로 '건강 사회'가 강요하는 치유의 희망을 거절한다는 점에서 '나드'는 환우회 회원이 아니라 비극의 영웅에 가깝습니다.

의료적 관점에서 질병은 치유 가능성으로 인해 장애와 구별됩니다. 치유의 희망에 저항하는 아픈 몸은 그래서 장애 정체성에 가까워집니다. '건강'을 '정상'으로 간주하는 '건강 사회'에서 겪는 아픈 몸이 겪는 차별과 배제는 장애인 차별과 거의 구별되지 않습니다. 이 연극 무대에서 '목우'의 이야기가 특히 질병과 장애의 공통점을 보여 줍니다. 조현병으로, 혹은 약물 부작용으로 인해 그는 "다섯 마디를 하려면 세 마디의 말을 하고 두 마디의 말은 잊히는 몸"[8]을 갖게 되고, 아무도 그 더듬거리는 말에 관심을 두지 않습니다. "잠이 쏟아져 간단한 문서 작성을 할 수도 없고, 강박 때문에 몸을 움직여 물건을 정리할 수도 없고, 설거지조차 물소리가 말을 거는 환청으로 들려 할 수 없는 그런 몸"[9]을 가진 사람들은 '정신장애인'으로 분류되지만, 장애인으로서의 복지와 권리

8   앞의 책, 302쪽.

는 누릴 수 없습니다. 매스컴에 의해 빈번히 우범 집단으로 지목되고, 정신병원에 강제 입원 당합니다.

능력주의 사회에서 아픈 몸은 곧바로 무능한 몸으로 취급됩니다. 직장이 원하는 속도와 방법으로 노동할 수 없는 몸, 학교가 원하는 속도와 방법으로 과제를 수행할 수 없는 사람으로 취급받고, 과거 병력(病歷)만으로 차별받는 사회적 장애(disability)를 겪습니다. 아픈 몸이 겪는 사회적 장애 중에는 젠더 수행 장애도 있습니다. '희제'의 크론병은 만성적인 소화기 염증을 일으킵니다. 그래서 그의 몸은 술 마실 수 없는 몸, 치킨 먹을 수 없는 몸, 입대할 수 없는 몸이 되고, 한국 사회에서 그런 몸은 쉽게 '남성성'을 수행할 수 없는 몸으로 간주됩니다. '다리아'의 난소 낭종은 임신과 출산이라는 여성의 젠더 역할을 수행하는 데 장애가 됩니다. '다리아'의 아픈 몸은 가문의 대가 끊길 걸 걱정하는 시부모와 '출산 지도'를 그리는 가부장제 이데올로기 때문에 더욱 고통받습니다.

결혼과 출산 이전에 성과 연애 관계에서도 아픈 몸은 장애를 초래합니다. 이 연극은 근육병 때문에 아픈 몸을 가

9   앞의 책, 302쪽.

그림 26

「아파도 미안하지 않습니다」의 '수영'과 '희제'

진 '수영'의 이야기로 시작합니다. '수영'의 무대는 아픈 몸을 가진 배우가 무대 위에서 자신의 아픔을 연기하는 이 연출의 가장 아름다운 성취를 보여 줍니다. 근육병은 일상생활과 똑같이 무대 위에서도 수영의 안면에 근육 경련을 일으킵니다. 경련은 무대 위의 수영이 불수의적인 웃음을 짓게 만듭니다. 떠나버린 연인과 행복했던 추억을 회상하는 '수영'의 찡그린 웃음과 허우적대는 손동작은 양면적인 감정의 가장 적확한 표현 형식을 만듭니다.

'수영'의 이야기는 연애와 우정의 관계에서 아픈 몸에 가해지는 미시적 차별과 배제를 보여 줍니다. 이 연극을 보

오이디푸스, 장애인 되다

면서 저는 '수영'의 이야기 속 옛 연인이 서투름을 다해 그녀를 위한 사과를 깍둑썰어 주고 가던 귀여운 연인으로만 관객들에게 기억되지 않기를 바랍니다. "내가 너를 어떻게 공부시키고 키웠는데 아픈 애를 만나니? 자꾸 어디 가서 얘기하고 다니지 마라. 곧 헤어질 거면서"[10]라고 말하는 어머니가 아니라 연인을 떠나 버린 그, "터미널에서 나오다 너랑 닮은 여자를 봤는데 진짜 깜짝 놀랐어. 네가 나으면 그런 모습일 것 같아서 자꾸 돌아보고, 보고, 또 봤어. 너무 예쁘더라"[11]라는 속삭임 속에서 연인의 아픈 몸을 회피하고 부정하려고만 했던 그 남자, 그래서 그녀를 "연인의 시선 안에서 한없이 가려지고 작아지게, 스스로를 사랑할 수 없는 사람"[12]으로 만든 속 좁은 사람으로 기억되길 바랍니다. 사랑을 속삭이는 은밀한 곳에 도사린 미시적 배제의 사례로 그 남자의 애정이 비판받길 바랍니다.

'수영'은 떠나 버린 연인을 회상할 때보다 "저는 솔직히 이렇게까지 장애가 심하신지 몰랐거든요. 좀 당황스럽네

---

10   앞의 책, 293쪽.
11   앞의 책, 294쪽.
12   앞의 책, 295쪽.

요"[13]라며 스쳐 지나간 친구들을 회상할 때 더 서럽게 웁니다. 근육병으로 아픈 몸은 컨디션에 따라 하루에도 몇 번 판이하게 바뀝니다. 멀쩡하게 이야기하던 사람이 갑자기 고꾸라져 고통을 호소하는 모습에 동료와 지인은 당황해하며 주변의 눈치부터 살핍니다. 몸이 안 좋은 날에는 입 주위 경련도 심해져서 더 많은 웃음을 짓게 만드는데, 친구들은 "뭐가 그렇게 좋냐, 뭐가 그렇게 좋아서 웃고만 있냐"고 묻습니다. 근육병으로 인한 통제할 수 없는 웃음이라고 설명해도 사람들의 태도는 크게 달라지지 않습니다.

「필록테테스」에서 그리스군이 필록테테스를 섬에 버린 이유가 뭔지 기억하시죠? 아가멤논이 유독 포악해서, 오디세우스가 유별나게 간교해서, 필록테테스가 유별나게 이상해서가 아닙니다. 미세한 차이 때문에, 주변 사람들을 당혹하게 만들고 어쩔 줄 모르게 만들며 자신들까지 불행하고 우울하게 만드는 그 신음 때문에 그를 무인도에 떼어 놓고 떠난 것입니다. 제도적 차별이나 법적인 배제 이전에, 아픈 몸이 내는 찡그림과 신음에 당황하며 뒷걸음치는 그 얄팍한 관계, 그 미세한 선 긋기가 무서운 겁니다. '수영'은 자신의 마지

---

13   앞의 책, 296쪽.

막 이야기에서 처음으로 대사 노트를 내려놓고 근육에 남아 있는 마지막 힘을 쥐어짜듯 말합니다.

> 경련이 웃음으로 변하고, 얼굴 하나 표정 하나 갖고 싶어서 헤맸던 시간들, 그 어떤 웃음도 내 것이 아니었던 시간, 너무나 많은 사람들이 떠나갔다. 스치듯이 보고 스치듯이 사랑하려 했던 사람들. 그런 내게도 뛸 듯이 기쁜 순간이 찾아오는데, 누군가가 헤어짐의 인사 뒤에 어색한 악수 대신 이 말을 건네줄 때다. "우리 내일 만날래요? 다음 주에 또 볼까요?"[14]

그리스 비극의 네오프톨레모스처럼 "우리 내일 만날래요? 다음 주에 또 볼까요?"라고 말하는 사람들이 모여 우정의 연대를 이룰 때 아픈 몸이 가고자 하는 곳으로 사회 전체를 움직일 수 있습니다. 그것이 위기에 빠진 민주주의를 구하는 길이라는 소포클레스의 목소리가 시민연극 「아파도 미안하지 않습니다」에도 이어지고 있습니다.

---

14   앞의 책, 297~298쪽.

7.
돌봄의 배신,
절망 속
모성의 복수

「필록테테스」와 비슷하게 전쟁으로 희생된 개인과 국익 간의 갈등을 그린 비극이 있습니다. 에우리피데스의 「헤카베」가 그것입니다. 내용도 「필록테테스」와 이어집니다. 네오프톨레모스의 설득으로 필록테테스는 트로이의 전장으로 복귀하고, 헤라클레스의 활과 화살로 파리스의 심장을 꿰뚫어 죽입니다. 그리고 오디세우스의 가짜 목마 계략으로 마침내 트로이 성은 그리스군에 점령됩니다. 에우리피데스의 「헤카베」는 트로이 함락 이후의 상황을 배경으로 전개됩니다. 트로이의 남자들은 프리아모스 왕을 비롯해서 모두 학살당하고, 왕비 헤카베를 비롯해 트로이의 여자들은 그리스군의 노예가 됩니다.

오이디푸스, 장애인 되다

그림 27

메리 조제프 블롱델, 「헤카베와 폴릭세네」, 1814년경.

대중을 위한 멜로 드라마

트로이를 떠난 그리스 함대는 트라키아 해안에 정박합니다. 무대가 열리자 음산하고 기괴한 행색의 인물이 기계장치를 타고 내려옵니다. 신은 아니고, 트로이 왕가의 막내아들 폴리도로스의 혼백입니다. 「필록테테스」의 마지막에 헤라클레스가 기계장치를 타고 내려와 갈등을 '해결'한 것과 비교됩니다. 폴리도로스의 혼백은 갈등을 해결하는 게 아니라 저간의 상황을 '설명'합니다. 자신은 트로이 왕가의 막내아들로, 전쟁 중에 프리아모스 왕이 친구인 트라키아의 왕 폴리메스토르에게 황금과 함께 피신시켰는데, 트로이가 점령된 후 폴리메스토르가 황금을 차지하려고 자기를 죽인 후 바다에 던져 버렸다는 겁니다. 그리고 그리스 군대가 트라키아 해안에 머문 건 아킬레우스의 혼백이 배를 붙들고 죽은 자신에게도 전리품을 달라고 요구했기 때문이랍니다. 아킬레우스가 요구하는 전리품은 헤카베의 딸이자 자신의 누이 폴릭세네라고 앞으로 일어날 상황까지 설명해 줍니다.

「필록테테스」와 달리 「헤카베」의 무대에 등장한 '기계 장치의 신'은 갈등을 해결하는 역할이 아니라 관객에게 상황을 설명해 주는 역할을 합니다. 에우리피데스는 소크라테스의 친구로 알려져 있습니다. 소크라테스가 대중에게 묻고 답하는 방식으로 이해하기 쉽게 진리를 설명해 주는 것처럼, 에우리피데스는 관객들이 비극을 이해하기 쉽게 설명하는 데 많은 노력을 기울입니다. 전지적인 존재가 저간의 상황과 앞으로 벌어질 상황까지 설명하면 당연히 드라마의 긴장감은 떨어집니다. 소포클레스의 비극이 상황 설명도 극중 인물의 대사를 통해 드라마에 통합시켜 극적 긴장을 쌓아 가는

오이디푸스, 장애인 되다

데 반해 에우리피데스의 작품은 관객들에게 인물의 성격과 줄거리를 직접 설명해 줍니다. 오늘날 일일 드라마가 이해력이 약한 사람이나 가사노동 때문에 집중하지 않고 건성으로 보는 사람도 이해하기 쉽게 끊임없이 인물의 심리와 줄거리를 설명해 주는 것과 비슷합니다. 에우리피데스는 대중적 이해도를 높이고, 인물의 성격에 '평범성'을 부여하고, 가정 내 갈등을 주로 다룸으로써 비극을 멜로 드라마와 흡사한 형태로 대중화시켰습니다.

대중선동가 오디세우스

폴리도로스의 혼백이 퇴장한 후 헤카베가 등장하여 지난밤 꿈에 폴리도로스와 폴릭세네가 끔찍한 모습으로 나타났다고 얘기합니다. 곧이어 트로이 여인들로 이뤄진 코러스가 그리스군 회의에서 폴릭세네를 아킬레우스에게 희생양으로 바칠 것을 결의했다는 소식을 전합니다. 그 과정에서 찬성과 반대 의견이 나뉘었는데 "대중선동가인 라에르테스의 아들이 군대를 설득"(132행)했다고 합니다. 라에르테스의 아들은 '오디세우스'입니다. 「필록테테스」에서도 화려한 언변과 간계를 자랑하는 인물로 나오더니 「헤카베」에서도 화려한 언

　　　　　　　　7. 돌봄의 배신, 절망 속 모성의 복수

변으로 대중의 즉물적인 충동과 감정에 호소하는 '대중선동가'(demagogy)로 불립니다.

뻔뻔한 건지 책임감이 강한 건지 오디세우스는 폴릭세네에 대한 그리스군의 결정을 알리고 집행하기 위해 헤카베를 찾아옵니다. 헤카베는 오디세우스에게 "대중선동가로서 명예만 좇는 그대들, 더없이 배은망덕한 족속들이여!"(254~255행)라고 비난합니다. 이 장면은 펠로폰네소스 전쟁 후반기 아테네 민주정의 현실을 반영한 것입니다. 전쟁이 장기화 되면서 민주주의는 타락하고 민회의 대중은 진실과 정의보다 대중선동가들이 부추기는 즉물적 공포와 애국심에 이끌린 결정을 내립니다. 헤카베는 "처음에 그대들이 제단에서 끌고 갔다가 불쌍히 여기고 죽이지 않았던 여인들을 이제 와서 죽이는 것은 천인공노할 짓"(288~290행)이며, 트로이 전쟁의 원인을 제공한 파리스의 연인 헬레네는 살려두고 엉뚱하게 폴릭세네를 희생시키는 것은 공정하지도 않다고 비판합니다. 또한, 전에 오디세우스가 트로이 성을 염탐하러 왔을 때 발각되어 죽을 뻔한 걸 자신이 눈감아 줬던 은혜를 지금 갚으라며, 오디세우스에게 돌아가서 대중을 다시 설득하라고 요구합니다.

오디세우스는 헤카베의 요구를 단칼에 거절하면서

오이디푸스, 장애인 되다

폴릭세네 희생을 결정한 이유를 설명합니다. 그는 전쟁에서 용감히 싸우다 죽은 용사를 높이 기리지 않으면 아무도 국가를 위해 목숨 바쳐 싸우지 않을 것이라며 아킬레우스를 기리기 위한 폴릭세네의 희생은 불가피하다고 주장합니다. 오디세우스의 논변은 기원전 431년 페리클레스가 전몰 용사 장례식 때 한 유명한 추도 연설을 연상시킵니다. 아테네 민주주의에 대한 자긍심을 고취하고, 민주정을 수호하기 위해 전쟁에서 목숨을 바친 용사들의 명예를 드높이겠다는 페리클레스의 연설은 오늘날까지 정치 연설의 표본으로 널리 인용되고 모방됩니다. 그러나 오디세우스의 논리는 민주주의에 대한 자긍심에 기반한 게 아니라 '그렇게 하지 않으면 누가 싸우겠는가' 하는 저급한 공리주의와 "그대들 야만족"(328행)에 승리한 "우리 헬라스 문명"(330행)의 위대한 전통이라는 제국주의적 자만에서 기인한 것입니다.

비겁한 정치인 아가멤논

오디세우스의 마음을 돌려놓으려는 헤카베의 노력은 실패하고 폴릭세네는 노예로 치욕스럽게 사느니 자유인으로 죽겠다면서 희생을 자처합니다. 폴릭세네가 죽은 후 더 끔찍

7. 돌봄의 배신, 절망 속 모성의 복수

한 부고가 전해집니다. 헤카베의 막내아들 폴리도로스의 시신이 해변에 떠밀려 온 겁니다. 꿈에서 예감한 대로 폴리도로스가 트라키아 왕 폴리메스토르에게 살해당했음을 확인한 헤카베는 아가멤논에게 아들의 복수를 부탁합니다. 헤카베는 "손님을 죽이거나 신들의 성물을 약탈한 자가 벌 받지 않는다면 인간사에 정의란 더 이상 존재하지 않아요"(802~805행)라며 보편적 정의에 호소합니다. 그러나 아가멤논은 국익의 특수성에 근거하여 헤카베의 부탁을 거절합니다. 비록 폴리메스토르가 불의한 짓을 했지만 그의 나라 트라키아는 그리스군의 우방이라는 논리입니다. 아가멤논은 폴리도로스의 죽음은 "개인적인 일로 군대와는 무관하다"(860행)고 말합니다. 오늘날에도 아가멤논처럼 '국익'과 무관하다는 이유로 보편적 정의에 관한 일을 '개인적인 일'로 치부하는 정치인을 흔히 볼 수 있습니다.

헤카베는 아가멤논이 자신의 요청을 거절한 건 "대중의 여론을 지나치게 의식한 탓"(868행)이라고 말합니다. 그리스군 대중은 폴리메스토르의 사악함에 분노할 만큼의 정의감도 없다고 보는 겁니다. 에우리피데스가 생각한 대중도 그렇습니다. 에우리피데스가 보기에 대중은 기계장치의 신이 등장해서 작중 상황을 자세히 설명해 줘야 할 만큼 이해

오이디푸스, 장애인 되다

력이 부족하며, 자국의 안위만 생각할 뿐 폴리메스토르 같은 악당에 대해 분노할 만큼 정의감이 없습니다. 그게 펠로폰네소스 전쟁 후반기 에우리피데스가 본 아테네 대중의 모습입니다. 그리스군의 정의를 포기한 헤카베는 자기가 직접 트로이 여자들과 함께 정의를 실현할 테니 아가멤논은 중립적 입장만 취해 달라고 합니다.

바쿠스 여신도들의 복수

헤카베는 트라키아 왕 폴리메스토르에게 '좋은 일이 있으니 아드님들과 함께 와 달라'는 전갈을 보냅니다. 얼마 후 폴리메스토르가 헤카베의 막사에 오고 헤카베는 짐짓 자기 아들 폴리도로스와 황금의 안부를 물어봅니다. 폴리메스토르는 뻔뻔하게 둘 다 잘 있다고 거짓말하고, 그의 사악함을 확인한 헤카베는 트로이 왕가의 황금을 숨겨 둔 장소를 알려 줄 테니 폴리도로스에게 전달해 달라고 말합니다. 황금에 눈이 먼 폴리메스토르는 그러겠노라 대답하고, 헤카베는 자기가 갖고 있는 돈도 줄 테니 시녀들의 막사로 가자고 합니다. 돈에 대한 욕망과 여자들이 뭘 어쩌겠냐는 방심으로 폴리메스토르는 트로이 여자 포로들의 막사로 들어갑니다.

그림 28

주세페 마리아 크레스피, 「폴리메스토르의 눈을 뽑는 헤카베」, 18세기 전반.

여자 포로들은 폴리메스토르를 의자에 앉히고 시중 드는 척하다가 돌봐 주겠다며 떼어 놓은 그의 아들들을 단검 으로 마구 찌릅니다. 그와 동시에 폴리메스토르의 머리를 잡 아 뒤로 젖히고는 브로치로 두 눈을 마구 찌릅니다. 졸지에 아들들과 시력을 잃은 폴리메스토르는 광분하여 여자 포로 들을 잡으려고 허우적대지만 소용이 없습니다. 소란을 듣고 온 아가멤논은 짐짓 모른 척하며 어찌 된 일이냐고 묻습니 다. 헤카베는 폴리메스토르의 천인공노할 악행을 고발하고, 폴리메스토르는 헤카베의 아들을 죽인 것은 그리스에 후환

오이디푸스, 장애인 되다

이 될지 모르기 때문에 우방을 위해 한 일이라며 아가멤논의 국가주의에 매달립니다. 헤카베가 그럼 왜 트로이가 버티고 있을 때는 그리스군에게 아들을 갖다 바치지 않고 하필 전쟁에서 패망한 후 그랬냐며 날카로운 반론을 펼치자 아가멤논도 어쩔 수 없이 폴리메스토르의 악행을 꾸짖습니다.

실명으로 눈앞의 현실을 볼 수 없게 된 폴리메스토르는 갑자기 신적인 예지력을 갖게 된 듯 앞으로 일어날 일을 예언합니다. 헤카베는 눈이 불처럼 빨간 암캐가 될 것이고, 아가멤논은 카산드라와 함께 집에 돌아가자마자 아내에 의해 살해당할 거라는 예언을 쏟아 냅니다. 눈이 멀자마자 예지력을 갖게 되는 다소 황당한 상황은 「바쿠스 여신도들」과 「오이디푸스 왕」에 나왔던 '테이레시아스'라는 유명한 장님 예언자가 보여 주듯 '장님=예언자'라는 상투적인 상상력의 산물로 보입니다. 에우리피데스도 합리적 설명이 필요하다고 느낀 듯 헤카베를 통해 "어떻게 알게 된 거요?"(1266행)라고 묻고, 폴리메스토르는 "트라키아인들의 예언자 디오니소스께서 내게 말씀해 주셨소"(1267행)라고 대답합니다. 트라키아 국경에 있는 디오니소스 신탁소로부터 들었다는 얘기일 텐데 트라키아 지방의 디오니소스 신앙에 대한 언급은 의미심장합니다. 폴리메스토르는 자신의 운명을 파멸로 이끈 트로이 여인들을 "바쿠스 여신도들"이라 칭합니다.

> 어디로, 어디로 헤매고 있는가.
> 살해된 아이들만 저승의 바쿠스 여신도들에게
> 뜯어먹으라고 남겨 두고,
> 개 떼에게 피투성이 먹을거리가 되고
> 끔찍한 쓰레기로 산에다 내다 버리도록
> 남겨 두고서 말이다
>
> (에우리피데스, 「헤카베」, 1075~1080행)

이 부분은 에우리피데스의 마지막 비극 「바쿠스 여신도들」을 연상케 합니다. 여성을 무시하고 혐오해 온 펜테우스가 디오니소스의 여신도들에 의해 도륙된 것처럼, 평소 "여인들은 옛날에도 욕먹었고 지금도 욕먹고 있고, 앞으로도 욕먹게 될 것"(1176~1178행)이라며 혐오해 온 폴리메스토르는 자신이 트로이의 여자들에 의해 파멸하게 되자 그 여자들을 "바쿠스 여신도들"이라고 부른 겁니다.

오이디푸스, 장애인 되다

디오니소스적 모성

두 작품은 바쿠스 여신도들에게 모성은 어떤 의미를 지니는지 보여 줍니다. 「바쿠스 여신도들」에서 "갓난아이를 집에 두고 온" 여신도들은 디오니소스를 따라 이 마을 저 마을 휩쓸고 다니면서 남의 집 아이들을 약탈해 갑니다. 자기 애들은 집에 두고 굳이 남의 집 애들을 납치해 젖을 먹이는 게 일견 이해 안 될 수 있습니다. 그뿐만 아니라 "젖이 붙은 젊은 어머니들은 산양이나 사나운 늑대 새끼들을 품에 안고 젖을 먹"입니다. 다른 집 아이들을 데려다 젖을 먹이고 숲속의 새끼 동물들에게도 젖을 먹이는 것은 디오니소스교가 원초적이고 보편적인 모성을 지향했음을 보여 줍니다. 그런데 자기 자식을 집에 두고 온 이유는 뭘까요? 그것은 아가우에가 광기에 사로잡혀 아들을 살해하는 것과 연관된 것으로, 디오니소스적 모성이 가부장제와 적대적임을 보여 줍니다. 디오니소스적 모성은 다른 집 아기와 다른 동물들의 아기를 차별하지 않는 보편성을 지향합니다. 그렇기 때문에, 보편적이고 평등한 모성을 위해서 '바쿠스 여신도들'은 남편의 자식은 집에 두고 가부장제를 수호하는 아들의 목을 칩니다.

「헤카베」는 자식 잃은 어미의 슬픔과 원한을 주제화

합니다. 전쟁터에서 싸우다 죽은 헥토르와 파리스의 죽음은 슬프지만, 원한 맺힐 건 아닙니다. 반면 전쟁이 끝났음에도 죽은 병사의 명예를 위해 딸의 목숨을 빼앗긴 것에는 마이나데스적 분노가 치밉니다. 무고한 여성이 가부장적 국가 폭력에 희생된 것이니까요. 돌봄을 부탁하며 맡겼던 자에 의해 자식이 죽임을 당했을 때도 마찬가지입니다. 돌봄의 약속을 배신한 자에게 모성적 분노가 폭발한 겁니다. 게다가 폴리메스토르가 전형적인 여성혐오론자라는 게 '바쿠스 여신도들'의 분노를 부채질합니다. 복수의 방법도 '바쿠스 여신도'답습니다. 가부장의 대를 이를 아들들을 마구 찔러 죽인 겁니다.

장판의 헤카베 최옥란

장판(장애인 운동판)에도 헤카베처럼 돌봄의 가치를 배신한 가부장 체제에 모성적 분노를 폭발시킨 여성이 있습니다. 그의 이름은 최옥란, 1966년에 태어나 2002년 2월 음독 후 3월 26일 사망했습니다. 그날을 기념하여 진보적 장애운동 진영은 해마다 3월 26일을 기점으로 4월 20일 '장애인의 날'까지 장애인차별철폐 집중 투쟁 기간으로 삼고, 최옥란이라는 이름 뒤에 '열사' 호칭을 붙여 추모합니다. 최옥란의 음독 자살

오이디푸스, 장애인 되다

은 전태일의 분신처럼 사회를 향한 절망적인 항거의 몸짓이었습니다. 음독하기 얼마 전 최옥란은 명동성당 입구에서 정부에 기초생활수급비 현실화를 요구하며 농성했습니다. 1인 가구 기초생계급여 28만 6천원을 반납하러 국무총리 집까지 찾아갔지만 만나지 못하고 "28만 6천원 갖고 한 달 살아 봐라"라는 쪽지만 남기고 돌아갔습니다.

기초생활수급제도가 도입된 지 이 년도 채 안 된 시점이라 최옥란의 목소리에 호응하는 사람은 적었고, 장애인 운동판의 동료들도 최옥란의 투쟁을 잘 이해하지 못했습니다. 농성은 성과 없이 끝났고, 얼마 후 그녀는 음독 자살했습니다. 그는 김대중 대통령에게 "현재 시행하고 있는 법이 나의 작은 꿈들을 다 잃게 했습니다"라고 쓴 유서를 남겼습니다. 따라서 그녀의 자살은 '근로기준법을 준수하라'는 외침을 남기고 자기 몸을 불사른 전태일처럼 '기초생활수급제도를 개선하라'는 외침을 남기고 자살한 의거였습니다.

기초생활수급제도는 노동으로 생계를 유지하기 힘든 사람의 기초생활을 국가가 돌본다는 취지로 2000년에 제정되었습니다. 기초생활 수급 대상자를 선정할 때 정부는 노동소득이 없어야 한다는 제한 조건을 달았습니다. 최옥란은 그동안 노점으로 생계를 돌봤는데, 기초생활수급자 자격을 얻으려면 노점을 포기해야 했습니다. 뇌병변장애가 있는 최옥란은 기초생활수급의 일환인 의료급여와 임대아파트 입주자격이 꼭 필요했기 때문에 어쩔 수 없이 힘겹게 일궈 온 노점을 포기했습니다. 하지만 노점을 포기한 대가로 그가 받은 28만 6천원(생계급여 26만 3천 원, 주거급여 2만 3천 원)의 수급비는 최옥란에게 가난한 자의 삶에 대한 모욕이자 돌봄의 약속을 저버린 배신으로 여겨졌습니다.

최옥란이 기초생활수급을 위해 포기해야 한 건 노점과 자존심만이 아니었습니다. 바로 아들 양육권이었습니다. 이혼한 남편이 가져간 양육권을 되찾기 위해서는 일정 금액의 재산으로 양육 능력을 증명해야 하는데 그렇게 하면 기초생활수급자 자격을 박탈당하게 됩니다. 최옥란이 김대중 당시 대통령에게 남긴 유서는 기초생활수급자가 되기 위해 아들의 양육을 포기해야 하는 고통을 토로하고 있습니다.

김대중 대통령께

이제 내 나이 35세. 우여곡절이 많은 장애인입니다.

당신도 장애인이면서 현재 시행하고 있는 법이 나의 작은 꿈들을 다 잃게 했습니다.

노동도 할 수 없는 장애인이 그나마 거리에서 장사해

서 돈을 벌어서 이 세상에서 제일 사랑하는 나의 아들을 찾으려고, 힘이 들어도 참으며 살아왔습니다. 그러나 거리에서 장사도 못 하게 하니 이제는 더 살 수 없는 심정입니다. 다시는 저와 같은 동료들 상처받지 않고 살았으면 합니다. 이러한 죽음을 선택한 것은 절망, 좌절. 희망이 없어 선택을 하게 되었습니다.

나의 주위 계신 동료 여러분께 부탁이 있습니다.

내 이루어지지 않은 것들을 꼭 이어 주십시오. (후략)[1]

국민기초생활보장법은 최옥란에게 불가능한 선택을 요구했습니다. "장사해서 돈을 벌어서 이 세상에서 제일 사랑하는 나의 아들"의 양육권을 찾아 오든지, 기초생활수급자로 살든지 한쪽을 선택하라고 요구한 겁니다. 가난한 장애인에게 의료급여와 임대아파트는 기초생활의 조건이지만 아들은 최옥란에게 삶의 이유였습니다. 존재 이유 없는 기초생활에 최옥란은 지쳤고 끝내 존재 자체를 던져 버렸습니다. 불가능한 선택을 요구한 정부에 항거하여 최옥란은 죽음을

1 　김윤영, "나의 남겨진 말", 비마이너, 2019년 11월 2일. (https://www.bemi-nor.com/news/articleView.html?idxno=14008)

선택했습니다.

장애 여성의 양육권 투쟁

최옥란이 기초생활수급제도 때문에 아들의 양육을 포기당했다고 느낀 것은 이전에 남편과 시부모 때문에 아들의 양육을 포기당한 경험이 있기 때문입니다. 최옥란은 뇌병변장애가 있지만 자식을 낳아 기르고 싶었습니다. 몇 번의 유산 끝에 아들을 낳았습니다. 하지만 장애 때문에 혼자 힘으로는 아이를 돌보기 힘들었습니다. 그래서 시부모의 돌봄에 의존할 수밖에 없었습니다. 남편과 이혼하면서 귀책사유가 남편의 외도에 있음에도 장애인이라는 이유로 아들 양육권을 남편에게 뺏겼습니다. 이혼할 때 남편이 최옥란의 오빠에게 위자료를 건네며 '최옥란은 준호를 찾지도 만나지도 않는다'는 내용의 각서를 쓰게 한 걸 뒤늦게 안 최옥란은 그 각서를 찢어 버렸습니다.[2] 각서 때문에 마음이 급해진 최옥란은 수급권 투쟁을 함께한 사람들에게 아들 양육권을 되찾는 소송을 도와 달라고 부탁했습니다. 하지만 동료들은 최옥란의 양육

2   김용출, 『시대를 울린 여자: 최옥란 평전』, SeoulPost, 2003, 243쪽 참조.

오이디푸스, 장애인 되다

권 투쟁에 미온적으로 반응했습니다. 양육권 소송은 개인적인 문제로 여겨졌기 때문입니다. 결국 최옥란은 개인적인 방식으로 문제를 해결하려고 변호사의 조언대로 주변 사람들에게 돈을 빌리러 다녔습니다. 통장 입금액으로 양육 능력을 증명하기 위해서. 하지만 그렇게 하면 기초생활수급자 자격을 박탈당한다는 제도의 벽에 부딪혔습니다. 최옥란은 그 벽에 존재를 내던져 부서졌습니다.

국민기초생활보장제도는 가난한 자의 삶을 정부가 돌보겠다고 약속한 제도입니다. 최옥란은 그 돌봄의 약속이 장애 여성의 삶을 배신했다고 느꼈습니다. 노동 소득도 없고, 자식을 양육할 만큼의 재산도 없는 사람만 돌봐 주겠다는 보장제도의 제한 조건은 자식을 돌보는 삶을 꿈꾼 장애 여성을 절망에 빠뜨렸습니다. 그것은 최옥란 개인의 문제가 아닙니다. 자식을 낳아 기르고자 하는 장애 여성의 꿈을 정부가 제도적으로 짓밟은 지극히 정치적이고 사회적인 문제입니다. 요즘 같으면 아마 여성 단체와 장애운동 단체가 힘을 합쳐 최옥란의 양육권 투쟁을 지원했을 겁니다. 하지만 2002년 당시는 최옥란의 양육권 투쟁이 지닌 젠더 정치적, 장애 차별적 함의를 깨닫고 대응하기에는 여성운동과 장애인운동의 교차 역량이 부족했습니다.

7. 돌봄의 배신, 절망 속 모성의 복수

최옥란에게서 헤카베의 모습을 발견한 것은 이런 점 때문입니다. 헤카베가 아가멤논에게 아들의 복수를 부탁했을 때 아가멤논은 그런 "개인적인 일"에 군 조직의 역량을 쓸 수 없다며 거절했습니다. 물론 진보적 사회운동가들은 아가멤논 같은 권력자가 아니지만 '돌봄'의 문제는 '여성'의 문제이고, 여성의 문제는 '사적인' 문제라는 편견에서 당시에는 자유롭지 못했습니다. 최옥란은 사회운동 조직에 속한 사람이었습니다. 그는 진보적 장애운동 1세대입니다. 최옥란은 1988년 서울장애자올림픽 거부 투쟁, 장애인복지법 및 장애인고용촉진법 입법 투쟁에 적극 참여했고, 최초의 뇌병변장애인운동 단체를 만들었습니다. 경증 장애를 가진 대학생 전남편을 만난 것도 1991년 장애인 노동권 쟁취 투쟁 현장에서였습니다. 2001년 이동권 투쟁 때도 지하철 선로를 점거하는 등 앞장서 투쟁한 활동가였습니다. 노점을 운영하게 된 것도 '장애인자립추진위원회'를 통해서였습니다.

그럼에도 장애인 단체가 최옥란의 수급권 투쟁을 조직적으로 지원하지 않은 것은 그것을 최옥란 개인 문제로 보았기 때문입니다. 노점을 포기하고 기초생활수급자가 되어 기초생활보장 투쟁에 나선 것이 '장판'을 떠난 최옥란 개인의 분투로 보인 겁니다. 최옥란 이후 수많은 중증장애인들이 기

오이디푸스, 장애인 되다

초생활수급자가 되었고, 그 제도의 문제점을 깨달았습니다. 진보적 장애인 단체들은 그제서야 기초생활수급제도 개선을 위한 투쟁에 나섰습니다. 대표적으로 전국장애인차별철폐연대는 2012년부터 광화문에서 기초생활수급제도의 부양의무자 기준 폐지를 요구하며 오 년간 농성했습니다. '장판'의 활동가들이 최옥란을 '너무 일찍 온 미래'라고 하는 건 그 때문입니다.

　'돌봄' 문제에 대한 무관심은 돌봄이 주로 '여성'의 문제로 치부된 것과 연관 있습니다. 수급권 투쟁에 이은 최옥란의 양육권 투쟁이 '개인적인 일'로 치부된 것도 그게 '여성' 문제였기 때문입니다. 최옥란이 몇 차례 유산을 겪고도 자식을 낳으려 애쓰고, 이혼과 빈곤 속에서도 아들의 양육권을 되찾기 위해 분투한 이유는 무엇일까요? 최옥란은 출산과 양육이라는 재생산 영역에서 '장애 여성'에게 강요된 사회적 차별에 저항했습니다. 자녀를 돌보며 살고자 하는 꿈이 장애 여성에 대한 가부장적 차별 때문에 깨져 버린 것에 죽음으로 항거한 것입니다. 이것이 나라 잃고 노예 신세로 전락한 절망의 순간에도 돌봄의 약속을 저버린 권력자에 항거한 헤카베의 모습에서 최옥란을 발견할 수 있는 이유입니다.

8.

가부장제에
저항하는
젠더-장애인

인간주의와 불구화된 여성

기원적 5세기, 비극의 시대 그리스 사회를 지배한 이념은 인간주의(humanism)입니다. 올림포스의 신들도 인간의 형상을 하고 있으며 욕망과 결핍, 의지와 감정조차 지극히 인간적입니다. 지중해의 밝은 햇빛 때문인지 고전기 그리스 문화는 시각을 중시했으며, 완전한 형상에 대한 이상주의적 지향도 강렬했습니다. 그 결과 고대 그리스인들은 이상적인 인간의 신체상에 대한 관심과 욕망이 컸습니다. 이상주의적 인체는 완벽한 신체를 가진 신의 형상으로 나타났습니다. 신들의 다양성(다신론) 속에서 추한 외모의 절름발이 신 헤파이스토

오이디푸스, 장애인 되다

스 같은 예외도 존재했지만, 그마저도 장애를 이유로 올림포스에서 추방됩니다. 헤파이스토스의 추방은 현실 사회에서 빈번하게 일어난 기형아 유기를 신화에 투영한 것입니다. 스파르타는 기형아 살해를 법률로 규정했고, 아리스토텔레스는 『정치학』에서 이상적인 국가는 법으로 기형아(페프로메논pepērōmenon) 유기를 정당화해야 한다고 주장했습니다.[1]

휴머니즘의 이상적 인간상이 기형아 유기로 이어진 그리스 문화와 대조되는 곳이 이집트입니다. 고대 이집트에 관한 문헌에는 기형아를 유기했다는 언급이 없습니다. 출토된 왕족의 미라 중 기형의 뼈와 의족의 흔적이 발견된 것은 지체장애인이 수명대로 살았음을 시사합니다. 절단 수술을 받은 사람들은 지역사회에서 안정된 돌봄을 받았습니다. 유명한 건축가의 무덤 벽화에는 건축 현장에서 어깨가 탈구되고 눈과 발을 다쳐 치료를 받는 인부들이 그려져 있습니다. 왜소증 장애인(난쟁이)이 고위 관료가 된 경우나, 절름발이지만 가정과 국가를 잘 통치한 왕에 대한 기록도 있습니다.[2]

1   Dillon, "Legal (and customary?) approaches to the disabled in ancient Greece", p.168.
2   David, "Egyptian medicine and disabilities: from pharaonic to Greco-Roman Egypt", p.84.

그림 29

인간중심적이지 않은 이집트의 신들.

그림 30

일하는 여성과 아이들의 수호신 베스(Bes)의 모습. 이집트의 신 베스는 일반적으로
난쟁이로 묘사된다. 턱수염을 기른 큰 얼굴과 안짱다리에 때로는 꼬리가 달린 모습
으로 표현된다.

오이디푸스, 장애인 되다

확실히 고대 이집트는 이웃한 그리스보다 장애인 혐오가 약했으며, 장애 포용 정도가 높은 사회였습니다. 이것은 이집트의 신들이 그리스의 신들과 달리 이상적 인간상이 아니라 동물과 합성된 인체, 왜소하고 손상된 신체, 고통으로 뒤틀린 신체를 포용한 것과 연관됩니다.[3] 한마디로, 이집트의 종교와 문화는 인간중심적이지 않았습니다. 그런 비-인간주의적 신화 속에서 고대 이집트인들은 장애인도 비장애인과 마찬가지로 신적인 기원을 가졌다고 믿고 사회에 통합시켰습니다.

고대 이집트에 관한 문헌에도 신생아 유기에 대한 언급이 나타나긴 합니다. 그런데 이 언급은 이집트가 마케도니아 제국에 편입된 이후 시기, 그리스 문화(헬레니즘)가 지배하는 지역과 계층에서 발견됩니다. 그리스에서 이주해 온 군인이 본국의 아내에게 보낸 편지에 '만약 태어난 아기가 여자라면 처리해 버리라'는 구절이 있습니다.[4] 여아 유기는 로마 지배하에서도 꾸준히 이어집니다. 그리스 로마 문화에서 여아를 유기하는 이유는 기형아를 유기하는 이유와 같습니

3   ibid., p.85.
4   ibid., p.84.

다. 즉, 이상적 인간의 성은 오직 남성으로, 여성은 성기가 손상된 인간으로 본 것입니다.

> 인류의 자연적 규범이 남성이라면 여성은 일탈된 존재, 즉 남성의 결함 있는 판본이었다. 아리스토텔레스는 여성이 '기형화된 남성'이라고 선언했다. 젠더와 (비)장애에 의한 인간 가치의 분기는 그 억압의 역사를 선명하게 형성하면서 서구적 정신세계에 깊숙이 묻어 들어갔다. 여성과 장애인은 기형의 각본―가부장의 명령에 따라 그들의 가치와 위상을 억압하는 데 봉사하는―에 의해 부정적 가치의 영역에 함께 자리하게 되었다.[5]

물론, 여성을 손상된 인간으로 보았다고 해서 아프로디테처럼 아름다운 여성을 헤파이스토스처럼 추하게 보았다는 것은 아닙니다. 그때도 여성의 몸은 대다수 남성들에게 욕망의 대상이었고, 아름다움의 기준을 충족시켰습

---

5   Bill Hughes, *A Historical Sociology of Disability: Human Validity and Invalidity from Antiquity to Early Modernity*, Routledge, 2020, p.139.

니다. 물론, 남성의 몸이 아름다움의 척도이긴 하지만, 여성들은 절름발이나 곱추가 결코 받을 수 없는 아름답다는 찬사를 받았습니다. 그럼에도 여성을 손상된 인간으로 '장애화'(disablement)한 것은 남성에 비해 본성적으로 열등하다고 생각했기 때문입니다. 단지 비유적으로만 장애화한 게 아닙니다. 아테네 민주정에서조차 여성은 태어날 기회부터 차별받았습니다. 태어난 이후 여성은 재산을 소유할 수 없고, 집을 가질 수 없으며, 공적인 의사 결정에 참여할 수도 없습니다. 여성은 노예와 마찬가지로 시민권이 없었습니다. 그런 점에서 장애인 연금을 받으며 시민권을 행사하는 장애 남성보다 더 많은 차별을 받았다고 볼 수도 있죠.

그럼에도, 여성은 다른 장애인보다 더 많은 사회적 가치를 인정받았습니다. 그것은 여성이 가진 섹슈얼리티와 재생산의 역량 때문입니다. 여성은 남성과 결혼하여 출산과 양육을 담당함으로써 아름다움의 가치를 누리고 가부장의 아내로서 안정된 지위를 인정받으며 남성의 재산과 권력을 일부 나눠 가질 수 있었습니다. 여성에겐 있지만 장애인에게는 없는 다른 것이 독립과 반란의 신화입니다. 여성에게는 가부장제로부터 독립한 여인 왕국 신화가 있습니다. 호메로스의 『일리아스』에는 여성 전사들의 나라 '아마조네스'가 나옵니다. 렘노스 섬의 여자들이 남편들을 모조리 죽였다는 전설도 있습니다. 이런 독립, 투쟁의 신화는 가부장제 지배하의 여성들이 가부장에 저항할 근거와 가능성을 시사합니다. 디오니소스교는 이 여성해방의 열망과 가능성에 부응한 신앙입니다. 디오니소스를 따르는 주력 신도가 '마이나데스'라 불린 여자들이었다는 사실은 디오니소스 신앙으로부터 페미니즘의 역사가 시작됐음을 말해 줍니다.

고대 그리스의 페미니즘은 중세 기독교에 의해 전면적으로 억압되었습니다. 근대에 와서 서서히 부활한 페미니즘은 1970년대 절정기를 맞았고, 그때 진보적 장애인들은 페미니즘으로부터 장애해방의 이론적 근거와 전략을 배웠습니다. '여성'은 생물학적으로 결정된 게 아니라 사회문화적으로 구성된 범주라는 생각은 장애를 재정의하는 데 결정적 힌트를 주었습니다. 진보적 장애인들은 '장애'(disability)를 생물학적(의학적)으로 결정된 게 아니라 사회문화적으로 구성된 범주라고 주장하며 사회문화적 조건들을 바꿔 나가는 운동을 조직했습니다. 이렇게 차별에 저항하는 생각을 공유할 수 있었던 이유는 여성을 '성기가 손상된 인간'으로 장애화하는 지배 이데올로기 때문입니다. 여성 차별이 장애인 차별에 근거했기 때문에 차별에 저항하는 여자들의 생각 역시 장애인

오이디푸스, 장애인 되다

들에게 공유될 수 있는 겁니다. 여성들은 모계사회의 신화와 반란의 전설이 있었기 때문에 그런 대항 신화가 없는 장애인보다 훨씬 먼저 차별에 저항할 수 있었는데, 그 여성 반란은 장애인들에게 저항의 참조점으로 작용했습니다. 1970년대 진보적 장애인들은 여성해방운동을 모델로 삼아 장애해방운동에 나선 겁니다.

비극은 디오니소스를 찬미하는 제전에서 공연되었습니다. 그러니 디오니소소를 따르는 여신도들, 즉 가부장제에 도전하는 여자들의 이야기를 무대에 올리지 않을 수 없겠죠. 여성을 성기가 손상된 인간이라 여긴 만큼 남성우월주의가 득세한 사회에서 바쿠스 여신도들은 어떤 모습으로 비극의 무대에 등장할까요? 비극의 작가는 모두 남자입니다. 배우들도 모두 남자입니다. 따라서 비극의 여성 캐릭터 역시 남성의 시선에 걸러진 여성의 페르소나(persona, 가면)입니다. 그럼에도 디오니소스 신앙의 여성 친화적 성격과 비극의 소재가 되는 신화와 전설은 비극 작가로 하여금 가부장제에 도전하는 여성 인물을 그리게 만들었습니다. 그리스 3대 비극 작가로 꼽히는 아이스킬로스, 소포클레스, 에우리피데스는 각기 다른 방식으로 가부장제에 저항한 여성 인물을 비극 무대에 올렸습니다.

8. 가부장제에 저항하는 젠더-장애인

클리타임네스트라: 국가 폭력을 응징하라

첫 번째 인물은 남편 죽인 아내, 클리타임네스트라입니다. 그는 트로이 전쟁을 일으킨 그리스군 총사령관 아가멤논의 아내입니다. 트로이 전쟁에서 승리하고 돌아온 아가멤논을 클리타임네스트라는 기다렸다는 듯이 도끼로 쳐 죽였습니다. 그 때문에 클리타임네스트라는 '남편 죽인 아내'로 서구 문명사에서 이름난 '악녀'로 기록됩니다. 그는 왜 남편을 죽였을까요? 그 이유에 관련해서 정부(情夫) 아이기스토스 때문이라는 입장과 딸 이피게네이아의 원수를 갚기 위함이라는 입장이 갈립니다.

아이스킬로스의 「아가멤논」은 제목과 달리 클리타임네스트라가 주인공입니다. 비극의 무대가 열리고 코러스가 등장하여 클리타임네스트라의 딸 이피게네이아가 아버지 아가멤논에 의해 죽은 사연을 전합니다. 그리스군이 트로이로 출병할 당시 독수리 두 마리가 함대에 나타나 새끼 밴 토끼를 뜯어 먹었습니다. 그걸 본 예언자는 독수리가 그리스군의 사령관인 아가멤논과 메넬라오스를 상징하며, 독수리가 토끼를 잡아먹은 것처럼 그리스군도 트로이를 정복할 징조라고 해석했습니다. 그런데 새끼 밴 토끼를 뜯어 먹은 것

오이디푸스, 장애인 되다

그림 31

프랑수아 페리에, 「이피게네이아의 희생」, 1632~1633년.

에 화가 난 아르테미스 여신이 역풍을 일으켜 그리스군은 항
구에 발이 묶였습니다. 어쩔 수 없이 총사령관인 아가멤논은
집에 있는 딸 이피게네이아를 불러 와 희생 제물로 바쳐 죽
였습니다. 코러스는 자기 딸을 희생양으로 삼은 것이 "가정
불화의 씨앗이 될 것인즉, 그칠 줄 모르는 무서운 원한이 집
을 지키며 자식의 원수를 갚고자 두고두고 흉계를 꾸밀 테니
까요"(153~155행)라고 의미부여 합니다.

8. 가부장제에 저항하는 젠더-장애인

이에 반해 에우리피데스는 클리타임네스트라의 남편 살해 동기를 정부 아이기스토스와의 불륜에서 찾습니다. 에우리피데스의 「오레스테스」에서 클리타임네스트라의 아들 오레스테스는 죽은 아버지의 원수를 갚기 위해 누이 엘렉트라와 공모하여 클리타임네스트라를 살해합니다. 그는 자신의 행위를 정당화하면서 클리타임네스트라의 불륜을 강조합니다.

어머니는 고향에서 멀리 떨어져 무장하신 채
헬라스의 전군을 이끄시던 아버지를 배신하고
정절을 지키지 않았어요.
그리고 자기가 죄를 지었다는 것을 알았을 때
어머니는 자신을 벌주지 않고,
오히려 남편에게 벌 받지 않으려고
제 아버지를 벌주고 죽였던 거예요.

(에우리피데스, 「오레스테스」, 572~578행)

오레스테스의 말은 작가 에우리피데스의 생각을 대변합니다. 에우리피데스는 여러 작품에서 바람피운 아내에 대한 증오를 드러내거든요. 대표적인 여자가 남편 메넬라오

오이디푸스, 장애인 되다

스를 배신하고 트로이의 미남 왕자 파리스를 따라간 헬레네입니다. 헬레네의 불륜 때문에 메넬라오스가 형 아가멤논에게 부탁하여 그리스의 가부장들을 모아 트로이 전쟁을 일으킨 겁니다. 그다음이 아이기스토스와 바람나서 트로이 전쟁에서 승리하고 돌아온 아가멤논을 살해한 클리타임네스트라입니다. 이번엔 불륜도 모자라서 남편까지 죽였으니 얼마나 가증스러웠겠어요. 에우리피데스는 당대에도 소문난 여성혐오론자거든요. 아리스토파네스의 희극 「테스모포리아 축제의 여인들」에서 에우리피데스는 여인들을 모욕하고 폄훼했다는 이유로 여인들만 참석하는 테스모포리아 축제장에 출두하여 재판을 받게 됩니다. 그럼 아가멤논이 딸 이피게네이아를 죽인 것에 대해서는 어떻게 생각할까요? 에우리피데스는 「아울리스의 이피게네이아」에서 아가멤논이 이피게네이아의 희생을 막기 위해 무척 애썼지만 메넬라오스 때문에 어쩔 수 없었다고 변호합니다. 그리고 메넬라오스마저 이피게네이아의 희생을 포기했을 때 그리스군의 승리를 위해 이피게네이아 스스로 희생을 자처했다고 그럽니다. 가부장의 폭력적인 결정을 어쩔 수 없는 희생으로 선해하고, 국가(가부장)폭력의 피해자를 헌신적 애국자로 탈바꿈한 에우리피데스의 눈물겨운 상상력이 놀랍죠.

8. 가부장제에 저항하는 젠더-장애인

그림 32

피에르 나르시스 게랭, 「잠든 아가멤논을 살해하기 전 망설이는 클리타임네스트라」, 1817년.

아이스킬로스의 「아가멤논」은 그리스군과 가문의 명예를 위해 딸을 희생시킨 아가멤논의 가부장적 폭력성을 객관적으로 묘사합니다. 아가멤논 스스로 제단에 올라가서 이피게네이아가 가문을 저주하는 말을 뱉지 못하도록 입을 틀어막았다는 디테일도 그립니다. 그럼, 클리타임네스트라의 약점인 아이기스토스와의 불륜은 어떻게 그릴까요? 둘의 간통은 "아가멤논의 침상을 더럽혔다"(1626행)는 코러스의 말

오이디푸스, 장애인 되다

과 "내게 충성을 다하는 아이기스토스"(1435행), "내가 가장 아끼는 남자"(1654행)라는 클리타임네스트라의 대사로 언급되기는 하지만 아가멤논 살해의 주요 동기로 제시되지는 않습니다. 대신 아이기스토스에게도 아가멤논을 살해할 동기가 따로 있음을 강조합니다. 그의 아버지의 티에스테스는 아가멤논의 아버지 아트레우스의 동생입니다. 그러니까 아이기스토스와 아가멤논은 사촌 형제 사이입니다. 아이기스토스의 아버지 티에스테스는 형 아트레우스와 왕권을 다투다 추방당한 후 형이 베푼 잔치에 초대되어 끔찍한 일을 당합니다. 아트레우스가 동생의 아들을 죽여서 그 살로 만든 요리를 먹게 한 겁니다. 그 후 아트레우스의 아들 아가멤논은 티에스테스와 그의 갓 낳은 아들 아이기스토스를 아르고스에서 추방했습니다. 「아가멤논」은 아트레우스 형제간의 원한이 이어져 아이기스토스가 아가멤논 살해에 동참하게 되었음을 힘주어 말합니다.

클리타임네스트라가 아가멤논을 살해한 후 그 폭력의 정당성에 관한 논쟁이 상당 분량 펼쳐집니다. 아가멤논의 비명을 듣고 달려온 아르고스의 장로들은 클리타임네스트라와 논쟁을 벌입니다. 백성들의 원성 속에 당신은 추방될 것이라는 노인들의 비난에, 클리타임네스트라는 아가멤논이 딸을 죽였을 때 잠자코 있던 그들을 꾸짖으며 "부정한 짓을 한 대가로 이 나라에서 추방했어야 할 사람"(1419행)은 아가 멤논이라고 주장합니다. 클리타임네스트라는 자신의 복수가 이피게네이아만을 위한 게 아니라 아트레우스 형제 간의 불화로 무참히 살해된 "어린 것들에 대한 보상"(1503행)이기도 하다고 말합니다. 아이스킬로스는 클리타임네스트라의 복수를 개인적인 차원이 아니라 권력욕에 사로잡혀 자식을 희생시킨 가부장들에 대한 모성적 분노로 그립니다.

클리타임네스트라의 모성은 트로이 전쟁을 대하는 태도에서 더욱 확장된 의미를 지닙니다. 트로이의 함락을 알리는 봉화를 보며 클리타임네스트라는 어미의 심정을 드러냅니다. 그는 아가멤논과 그리스군의 승리를 찬미하는 대신 정복자의 병사들과 정복당한 백성의 서로 다른 처지와 괴로움에 대해 생각합니다.

한쪽에서는 남편과 형제들의 시신 위에 쓰러져,
그리고 아이들은 집안 어른들의 시신 위에
매달려 이미 자유를 잃은 목청으로
사랑하던 사람들의 죽음을 슬퍼할 것이고,
한쪽에서는 밤새 전투하느라 지친 나머지

오이디푸스, 장애인 되다

그저 닥치는 대로 도시 안에 있는 것들로
주린 배를 채울 테니 말이오.

(아이스킬로스, 「아가멤논」, 326~330행)

트로이 전쟁에 대한 클리타임네스트라의 염려는 생명을 낳고 돌보는 모성의 염려입니다. 그것은 자기 아내를 빼앗겼다고 남정네들을 모아 정복 전쟁을 벌이는 가부장의 관점과는 다른 것입니다. 어미의 눈에 전쟁은 고향을 잃고, 가족을 잃고, 목숨을 잃고, 굶주림과 비탄에 빠지는 일입니다. 「아가멤논」의 클리타임네스트라에게서 우리는 돌봄을 배신한 국가(가부장)권력에 대한 마이나데스의 분노를 느낄 수 있습니다. 반면에 아르고스의 장로들(코러스)은 여성혐오의 관점에서 트로이 전쟁을 한탄합니다. 트로이 전쟁의 여파로 인한 아가멤논의 죽음에 직면해서 그들은 느닷없이 헬레네를 비난합니다.

코러스: 아아, 헬레네여, 그대 미친 헬레네여,
그대 혼자서 그 많은 생명을
트로이아의 성벽 밑에 전멸시키다니!

(아이스킬로스, 「아가멤논」, 1454~1456행)

8. 가부장제에 저항하는 젠더-장애인

트로이 전쟁과 그로 인한 무수한 죽음의 책임이 모두 헬레네에게 있다는 겁니다. 신화에 따르면, 메넬라오스의 아내 헬레네가 트로이의 미남 왕자 파리스와 눈이 맞아 트로이로 도망갔고, 그 때문에 그리스의 가부장들이 연합하여 실추된 가부장의 명예를 회복하기 위해 트로이 전쟁을 일으켰습니다. 클리타임네스트라가 트로이 전쟁의 주된 원인을 아트레우스 가문의 가부장적 폭력성에서 찾은 것과 대조적으로 아르고스의 장로들은 헬레네의 불륜에 전쟁의 책임을 돌립니다. 그런데 헬레네와 파리스의 관계를 둘러싸고 헬레네가 자발적으로 따라갔다는 해석과 강제로 납치당했다는 해석이 갈립니다. 이게 왜 논쟁거리가 되냐 하면, 어느 쪽이냐에 따라 헬레네의 책임이 달라지기 때문입니다. 아르고스 장로들은 "미친 헬레네"가 자신의 욕정과 의지에 따라 파리스를 따라 도망쳤고, 그런 부도덕한 여자 때문에 전쟁이 일어나 무수한 목숨이 희생되었다고 주장하는 겁니다.

에우리피데스의 「헤카베」에서 헤카베도 헬레네가 아킬레우스를 "트로이아로 끌어들여 죽였으며"(265행) 전쟁을 일으킨 헬레네의 "잘못이 우리의 잘못보다 결코 적지 않다"(270행)며 헬레네의 책임을 강조합니다. 에우리피데스는 트로이 전쟁을 배경으로 쓴 여러 편의 작품에서 트로이 전쟁

오이디푸스, 장애인 되다

그림 33

귀도 레니, 「헬레네의 납치」, 1626~1629년.

이 욕정에 사로잡힌 헬레네의 불륜 때문에 일어났다는 입장을 설파합니다. 전쟁이나 전염병으로 인한 사회적 재난에 대해 그 원인과 책임을 장애인이나 이방인, 특히 '부도덕하고 더러운 여자'한테서 찾는 혐오의 정치는 고대 그리스에서 오늘날 문명국가들까지 면면히 이어져 왔습니다.

　　그런데 흥미롭게도 에우리피데스는 「헬레네」에서 헬레네에 관한 전혀 다른 '썰'을 펼칩니다. 파리스와 함께 트로이로 간 것은 진짜 헬레네가 아니라 가짜 헬레네, 헬레네의

　　　　　　　　　　　　　　　8. 가부장제에 저항하는 젠더-장애인

환영이라는 겁니다. 진짜 헬레네는 헤르메스 신에 의해 이집트 왕 프로테우스의 궁전으로 옮겨져 남편이 오기만 기다리고 있다는 겁니다. 항간의 '가짜 헬레네' 일설을 가지고 '열녀' 헬레네를 그린 겁니다. 이건 헬레네를 좋게 해석한 걸까요? 나쁘게 해석한 걸까요? 얼핏 보면 좋게 본 것 같지만 실은 헬레네의 부도덕을 욕하는 것보다 더 나쁜 해석입니다. 이건 헬레네의 부도덕한 욕망을 부인(denial, 마치 없었던 것인 척)함으로써 강제로 납치당했다는 것보다 더 부정적으로 보는 겁니다. 욕망하는 주체인 헬레네 자체를 '허구'라며 부정해 버리는 것이니까요. 자기 싫다고 다른 남자한테 간 아내를 '가짜'(환영이나 유령) 취급하며 어딘가 있을 '진짜' 아내를 찾아다니는 남편을 상상해 보세요. 섬뜩하다고요?

　　여성을 대하는 태도에서 에우리피데스에 비해 공정한 아이스킬로스는 어떨까요? 납치설을 전개할 만도 한데 그러지 않습니다. 전쟁의 책임을 헬레네에게 뒤집어씌우는 아르고스 장로들에게 클리타임네스트라는 이렇게 말합니다.

클리타임네스트라: 이 일에 상심하여
죽음의 운명을 기구하지도 말고
그대의 노여움을 헬레네에게 돌리지도 마시오

　　　　　오이디푸스, 장애인 되다

또한 그녀를 남자들의 파괴자라거나, 그녀 혼자서
수많은 다나오스 백성들의 생명을 파괴함으로써
견딜 수 없는 슬픔을 가져다주었다고 말하지도 마시오.

(아이스킬로스, 「아가멤논」, 1462~1467행)

놀랍지 않습니까? 클리타임네스트라는, 혹은 그의 입을 빌린 아이스킬로스는 전쟁의 책임을 '미친 여자'에게 돌리는 비이성적이고 나약한, 한마디로 지질한 태도 자체를 비판합니다. 전쟁의 책임은 전쟁을 일으킨 아트레우스 가문의 가부장들에게 있으며, 전쟁의 원인은 그들이 지배하는 그리스 세계의 권력욕, 소유욕, 명예욕에서 찾아야지 엉뚱한 여자한테서 찾는 건 비겁한 짓이라는 작가의식이 느껴집니다.

클리타임네스트라는 '납치설'로 헬레네를 변호하지 않습니다. 헬레네도 강제 납치 피해자라고 변호하려면 헬레네의 자유의지와 욕망을 부정해야 하기 때문입니다. 여성도 남자와 마찬가지로 욕망의 주체이고, 의지의 주체이고, 선택의 주체라는 생각은 클리타임네스트라와 아이기스토스의 관계에서도 느낄 수 있습니다. 아르고스 장로들은 아이기스토스를 욕하면서 함께 살인을 공모하고서 여자에게 실행을 떠넘긴 비겁함(수동성)을 조롱합니다. 아가멤논을 죽인 행위

주체가 클리타임네스트라임을 인정한 겁니다. 아이기스토스와 아르고스 장로들 간의 논쟁이 무력 충돌 직전까지 치닫자 클리타임네스트라는 "재앙은 이것으로 족해요. 이젠 피 흘리는 것만은 피하도록 하세요"(1655행)라며 충돌을 막고 상황을 통제합니다. 분이 안 풀린 장로들이 아이기스토스를 향해 "암탉 옆의 수탉처럼 큰 소리나 탕탕 치구려"(1671행)라고 욕을 하자 클리타임네스트라는 "허튼 소리는 무시해 버리세요. 나와 당신은 이 집의 주인으로서 만사를 잘 꾸려 나가야 하니까요"(1673행)라며 통치자의 면모를 드러냅니다. 아이기스토스와의 관계에서도 클리타임네스트라는 상황을 주도하며 자기 세계의 주인다운 면모를 보입니다.

안티고네: 차별에 저항하라

소포클레스의 비극을 대표하는 디오니소스적 여성은 '안티고네'입니다. 안티고네 기억나시죠? 오이디푸스의 딸, 「콜로노스의 오이디푸스」에서 눈먼 오이디푸스를 심청이처럼 헌신적으로 돌본 딸이죠. 오이디푸스의 도움을 거절당한 폴리네이케스는 죽음을 예감하며 동생 안티고네에게 "고향으로 돌아가게 되면 나를 모욕하지 말고 나를 묻어 주고 장례를

오이디푸스, 장애인 되다

치러"(1409~1410행) 달라고 부탁합니다. 소포클레스의 「안티고네」에서 안티고네는 부탁대로 폴리네이케스의 시신을 묻어 줍니다. 문제는 그 매장이 왕명으로 금지된 행위라는 겁니다.

「안티고네」는 오이디푸스가 콜로노스에서 죽은 후 테베의 정치적 상황을 다룹니다. 형제의 난에서 오이디푸스의 아들 둘이 모두 전사하자 크레온이 테베의 왕좌를 물려받습니다. 왕좌에 오르자마자 크레온은 "조국의 적을 내 친구로 여기지 않을 것"(188행)이라며 자신의 통치 원칙을 밝히고, 폴리네이케스의 매장을 금지한다는 포고령을 내립니다. 에테오클레스는 테베를 위해 싸우다 죽었기에 장례를 치르지만 폴리네이케스는 외국 군대를 데리고 조국을 침략한 적이기 때문에 그 시신은 모욕당해 마땅하다는 겁니다.

무대가 열리고 등장한 안티고네는 동생 이스메네와 상황을 공유하며 폴리네이케스의 시신을 매장하겠다고 말합니다. 이스메네는 가족들의 죽음을 슬퍼하지만 "우리는 여자들이며 남자들과 싸우도록 태어나지 않았어요"(61~62행)라고 언니를 말립니다. 여자는 남자와 그의 권력에 복종해야 한다고 말하는 이스메네는 가부장 체제하의 평범한 여자들을 대변합니다. 안티고네는 그런 평범한 여성상에 저항하는

8. 가부장제에 저항하는 젠더-장애인

그림 34

세바스티안 노블린, 「폴리네이케스에게 매장을 해주는 안티고네」, 1825년.

소수적 여성입니다.

안티고네는 순종의 도덕뿐 아니라 프라이버시(privacy)의 미덕도 거부합니다. 이스메네가 오라비가 불쌍해서 묻어주려면 "누구에게도 말하지 말고 비밀로 하세요"(84~85행)라고 하자, 안티고네는 "네가 입 다물고 이 일을 세상 사람들에게 알리지 않으면, 나는 네가 더 미워질 거야"(85~86행)라고 쏘아붙입니다. 이스메네가 오라비의 매장을 은밀하게 하라는 것은 포고령이 두려운 이유도 있지만, 그 매장 행위를 사생활(프라이버시)에 속하는 일이라 여기기 때문입니다. 고

오이디푸스, 장애인 되다

대 그리스인들은 인간의 생활 영역을 오이코스(oikos: 집, 가정)와 폴리스(police: 공론장)로 나누었습니다. 여성은 오직 사생활의 영역인 오이코스(가정)에만 속할 뿐 남자들처럼 공론장에 나가서 옳고 그름을 따지는 정치 활동이 금지되었습니다. 이스메네는 오라비의 매장은 가정의 일이므로 비공개로 해야 한다고 생각한 것입니다.

안티고네는 그렇게 생각하지 않았습니다. 그는 폴리네이케스의 매장이 '죽은 자는 마땅히 지하 세계로 가야 한다'는 신의 명령에 따르는 일로, 그것이 보편적 정의라고 주장합니다. 폴리네이케스를 매장하다가 끌려온 안티고네에게 크레온이 "네 소행이라고 시인하느냐?"(442행)라고 묻자 안티고네는 "내 소행이라고 시인해요"(443행)라고 대답합니다. 크레온이 어이가 없어서 "그러지 말라는 포고령이 내려졌음을 알고 있었느냐"(447행)라고 묻자 안티고네는 "알고 있었어요"(448행)라고 당당히 대답합니다. 왕의 포고령을 알고도 어겼다는 안티고네의 대답에 크레온은 동요합니다. 이유를 안 물어볼 수 없습니다. 안티고네는 민회의 광장에서 연설하듯 자기 행위의 근거를 말합니다.

내게 그런 포고령을 내린 것은 제우스가 아니었으며,

　　　　　　　8. 가부장제에 저항하는 젠더-장애인

하계의 신들과 함께 사시는 정의의 여신께서도
사람들 사이에 그런 법을 세우지 않았으니까요.
나 또한 한낱 인간에 불과한 그대의 포고령이
신들의 변함없는 불문율들을 무시할 수 있을 만큼
강력하다고는 생각지 않았어요.

(소포클레스, 「안티고네」, 450~455행)

안티고네는 자신의 매장 행위가 왕의 포고령보다 상위에 있는 신의 명령, 불문율, 보편적 정의에 입각한 것이라고 주장합니다. 오라비에 대한 사적인 감정에 끌려서 한 일이었다고 울면서 탄원하면 크레온의 마음도 녹녹해졌을 겁니다. '여자란 원래 나랏일보다 가정사를 우선시하는, 시야가 좁고 감정에 치우친 족속이니까' 하고 못 이기는 척하며 용서했을 수 있습니다. 하지만 안티고네는 크레온이 생각하는 여자의 '정상성'을 보이지 않았습니다. 오히려 남자들에게만 허용된 모습, 공론장에서 법과 정의의 원칙을 논하는 '시민'의 모습을 보인 겁니다. 크레온은 그런 모습에 분개하며, 안티고네의 여성성을 부정합니다.

이 계집은 공표된 포고령을 어겼을 때

오이디푸스, 장애인 되다

반항에는 이미 이골이 날 대로 나 있었고
설상가상으로 범행을 저지르고서
제 소행임을 자랑하며 우리를 비웃는 것은
두 번째 반항이오.
만일 이번 일에 그녀가 이기고 그 대가를 치르지 않는
다면,
내가 아니라 그녀가 남자일 것이오.

(소포클레스, 「안티고네」, 480~485행)

크레온의 생각에 여자로서는 공론장에서 자신을 이겨 먹을 수 없다는 겁니다. 얼마 후 아들 하이몬에게 "결코 한낱 계집에게 져서는 안 된다. 꼭 져야 한다면 우리가 한낱 계집에게 졌다는 말을 듣느니 남자에게 지는 편이 더 나을 것이다"(677~679행)라고 말하는 것도 크레온의 여성관을 드러냅니다. 여자는 결코 공론장에서 의견을 주장할 수 없고, 논쟁에서 남자를 이겨 먹을 수 없는 존재라는 게 크레온의 확고한 여성 차별적 이념입니다.

안티고네의 도발로 여자와 논쟁을 하게 된 크레온은 자신의 논거를 제시합니다. 그는 조국의 적과는 친구가 될 수 없으며 조국의 적으로 죽은 폴리네이케스를 애국자로 죽은 에테오클레스와 동등하게 대하는 건 국익에 위배된다고 주장합니다. 아마 오늘날 한국 사회의 다수 국민도 그렇게 생각하지 않을까요? "우리를 지켜 주는 것은 조국 땅이며, 조국이 무사 항해해야만 우리가 진정한 친구를 사귈 수 있기 때문이오"(187~190행)라는 크레온의 국가주의 이념은 국가의 운명에 따라 개인의 운명이 좌우되는 현실에서 분명 설득력이 있습니다. 폴리네이케스와 에테오클레스는 같은 부모에게서 태어난 형제이기 때문에 동등하게 대해야 한다는 안티고네의 가족주의는 국가주의의 하위 개념일 뿐이라고 평가절하할 수도 있습니다. 가족은 국가의 일부니까. 하지만 안티고네가 내세운 건 두 사람이 같은 '가족'일 뿐 아니라 둘 다 이미 '죽은 몸'이라는 것입니다. 살아 있는 형제는 서로 다른 국가의 편에서 싸울 수 있지만, 죽은 몸은 국가를 떠나 신의 세계에 속하기에 신의 관점에서 평등하게 대해야 한다는 것입니다.

죽은 이의 평등성에 대해 크레온은 적은 죽어도 친구가 될 수 없는 법이라며 국가주의의 초월성을 주장합니다. 물론, 죽은 이에 대한 산 자들의 감정은 차별적일 수 있습니다. 증오와 배타심은 국가주의의 핵심 동력입니다. 그러나 안티고네는 "나는 서로 미워하기 위해서가 아니라 서로 사랑

오이디푸스, 장애인 되다

하려고 태어났어요"(523행)라고 말합니다. 서로 사랑하기 위해 태어났다는 안티고네의 말은 바쿠스 여신도들이 집을 버리고 숲으로 가 남의 집 아이와 늑대 새끼, 산양 새끼를 가리지 않고 젖을 먹이는 태도를 닮았습니다. 원초적이고 보편적인 사랑이죠.

안티고네는 확실히 마이나데스적 충동을 갖고 있습니다. 디오니소스의 신체가 번갯불에 산산조각 났다가 다시 합쳐진 것처럼 디오니소스를 따르는 여신도들의 충동은 때때로 개별화된 신체를 파괴함으로써 환희를 구가하는 모습을 보입니다. 안티고네는 "사랑해야겠다면 하계로 내려가 사자들을 사랑하려무나"(524행)라는 크레온의 말대로 죽은 이를 향한 사랑, 죽음을 향한 충동을 드러냅니다. 이것은 결박된 프로메테우스가 보여 준 죽음을 '무릅쓴' 의지와는 결이 다른 것으로, 흡사 죽음을 '향한' 의지처럼 보입니다. 안티고네는 폴리네이케스를 묻어 주려고 결심한 순간 "나는 그분을 묻겠어. 그리고 나서 죽는다면 얼마나 아름다우냐? 그분의 사랑을 받으며 사랑하는 그분 곁에 눕겠지"(71~72행)라며 죽음을 욕망하는 것처럼 말합니다. 안티고네는 처벌을 두려워하는 이스메네에게 "너는 살기를 택했고, 나는 죽기를 택했지"(555행), "너는 살아 있어. 하지만 내 목숨은 죽은 지 이미 오래야. 내가 고인들을 섬기도록 말이야"(560행)라고 말하며 죽음충동을 따라 뚜벅뚜벅 걸어갑니다.

왕의 포고령을 어긴 대가로 안티고네는 동굴에 갇힙니다. 깊은 땅속으로 들어가는 안티고네의 모습을 코러스는 "산 채로 하데스로 내려가는 것"(819행)으로 표현합니다. 그 모습은 콜로노스의 오이디푸스가 최후의 순간 산 채로 대지의 갈라진 틈으로 내려가는 것을 닮았습니다. 안티고네는 동굴을 죽은 이와 결혼하는 자신의 신방으로 여기며 스스로 목을 매달아 죽습니다. 안티고네에게 죽음은 새로운 잉태를 위한 자궁으로의 회귀로 간주됩니다. 죽은 이와 함께하는 신방인 동굴은 어머니의 자궁과도 같습니다. 왜 그토록 오라비에 대한 사랑에 목을 매냐는 물음에 안티고네는 남편이 죽으면 다른 남편을 구할 수 있고, 아이가 죽으면 다른 남자에게서 또 낳을 수 있지만 같은 어머니의 자궁에서 태어난 혈족은 다시 얻을 수 없기에 가장 소중하다고 대답합니다. 안티고네가 과도할 정도로 오이디푸스를 사랑하는 것도 그가 아버지이기 전에 같은 어머니(이오카스테)의 자궁에서 태어난 오라비이기 때문입니다. 안티고네의 혈족에 대한 사랑은 자궁 공동체에 대한 모계적 사랑입니다.

소포클레스는 안티고네의 마이나데스적 사랑이 민주

주의 안에서 지니는 의미를 탐구합니다. 안티고네를 가둔 크레온에게 아들 하이몬이 찾아옵니다. 하이몬은 안티고네와 약혼한 사이입니다. 크레온은 하이몬에게 복종의 미덕과 '여자에게 지느니 남자에게 지겠다'는 여성혐오를 설파합니다. 하이몬은 아버지를 위해 남들의 생각과 말을 전해 주겠다면서 일반 시민들은 안티고네의 처벌을 원치 않는다고 말합니다. 오히려 안티고네야말로 "황금 같은 명예를 받아 마땅하다"(699행)는 여론이 퍼지고 있다는 겁니다. 가부장 체제가 확립되었어도 민중들의 마음 속에는 모계적 사랑이 남아 있습니다. 민심이 안티고네에게 호의적이라는 하이몬의 말에 크레온은 "내가 어떻게 통치해야 하는지 백성들이 지시해야 하나?"(734행)라며 독재자의 면모를 드러냅니다. "국가를 통치하는 자가 곧 국가의 임자"(738행)라는 반(反)민주적인 주장에 하이몬은 "한 사람만의 국가는 국가가 아니지요"(737행), "사막에서라면 멋있게 독재하실 수 있겠지요"(739행)라며 다수의 뜻에 따르는 민주적 통치를 주장합니다.

　　그러자 크레온은 "보아하니, 이 애는 여자들 편인 것 같소이다"(740행), "못난 녀석, 한낱 계집에게 굴복하다니!"(746행)라고 비난합니다. 이 말은 하이몬이 안티고네 편을 들었다는 개별 상황만을 의미하지 않습니다. 권위주의적 통치자인 크레온에게 하이몬 같은 민주주의자는 대체로 계집애 같거나 계집애 편을 드는, 나약하고 못난 남자로 여겨집니다. 권위주의적 통치자들은 대체로 민주주의를 여성적인 것으로 젠더화합니다. 오늘날에도 극우 보수주의자들은 소수자의 인권과 민주주의를 옹호하는 남자들에게 "여자들 편" "계집년의 노예"라고 욕하지 않나요? 심지어 그런 남자를 "씨발년"이라며 여성화하기도 합니다.

바쿠스 여신도들은 그런 가부장적 통치자들에게 디오니소스적 폭력을 퍼부었습니다. 「안티고네」에서 크레온에게 가해진 디오니소스적 폭력은 죽음충동의 형태로 나타납니다. 안티고네가 동굴에 갇힌 후 코러스는 디오니소스적 폭력을 예고하듯 디오니소스 찬가를 길게 부릅니다. 그 후 등장한 사자는 죽음충동이 휩쓴 왕가의 파국을 보고합니다. 안티고네가 동굴에서 목을 매달아 죽은 걸 보고 하이몬은 아버지를 향해 침을 뱉고는 날카로운 단도를 옆구리에 밀어 넣어 자살합니다. 그 소식을 들은 하이몬의 어머니 에우리디케는 아무 말 없이 제단으로 가서 심장을 찔러 자살합니다. 그 소식을 전해 들은 크레온이 자신의 여성혐오와 권위주의가 초래한 파국을 망연히 쳐다보며, 이 비극은 막을 내립니다.

오이디푸스, 장애인 되다

메데이아: 마녀가 나타났다

에우리피데스의 비극에 등장한 대표적인 마이나데스 캐릭터는 메데이아입니다. 메데이아는 황금 양모피로 유명한 콜키스 왕국의 공주였습니다. 그리스와는 사뭇 다른 문화를 가진 콜키스에서 태어난 메데이아는 굉장히 영리하고 자기 의지대로 행동하며 마법과 주술에 능했습니다. 그리스의 영웅 이아손이 콜키스 왕가의 양모피를 가지러 아르고호 원정대를 이끌고 왔을 때 메데이아는 잘생기고 야망 있는 이아손에 반해 남편으로 선택했습니다. 메데이아는 자신의 지혜와 마법을 발휘하여 이아손이 황금 양털을 훔쳐서 도망칠 수 있게 도와줍니다. 그 과정에서 메데이아는 아버지를 배신했을 뿐 아니라 쫓아오는 남동생을 죽이기도 했습니다.

이아손의 고향 이올코스에서 메데이아는 남편을 왕으로 만들기 위해 마법을 써서 펠리아스 왕이 딸들의 손에 죽게 만듭니다. 그 악행에 분노해서 들고 일어난 백성들을 피해 메데이아는 남편과 함께 코린토스로 망명했습니다. 「메데이아」는 코린토스에서 남편, 아들들과 가정을 이뤄 사는 메데이아에게 닥친 뜻밖의 시련을 다룹니다. 남편 이아손이 코린토스 왕가의 딸과 바람을 피워 결혼까지 약속한 겁니다.

　　　　　8. 가부장제에 저항하는 젠더-장애인

이아손과의 결혼만 믿고 고향과 가족을 버리고 그리스로 온 메데이아로서는 하늘이 무너지는 듯한 상황이죠. 게다가 코린토스 왕 크레온은 자기 딸의 결혼을 보호하기 위해 메데이아와 그 자식들에게 추방 명령을 내립니다.

이 상황에서 메데이아는 어떻게 했을까요? 절망에 빠져 자살했을까요? 남편의 바짓가랑이를 잡고 눈물로 애원했을까요? 메데이아는 그런 약하고 순종적인 여자가 아닙니다. 메데이아는 "내 여주인이시며 내 화로가 놓인 맨 안쪽에 거주하시는 헤카테 여신의 이름으로"(395~396행) 복수를 맹세합니다. 헤카테(Hecate)는 주술과 마법, 마술을 관장하는 티탄족 여신으로, 그 이름은 '자신의 의지대로 행동하는 여자'라는 뜻의 그리스어(hekatē)에서 유래했습니다. 메데이아의 성격에 딱 맞는 수호 여신이죠. 자기 의지대로 행동하며 주술과 마법을 부리는 헤카테를 중세 기독교 문화에서는 '마녀'(witch)라고 불렀죠. 트로이 전쟁에 참전한 여전사의 나라 '아마조네스'도 메데이아가 온 흑해 연안에 있었다고 하는 걸로 봐서 그 지역은 가부장제가 확립된 그리스와 달리 아직 여성의 힘과 독립성이 강한 곳이었던 모양입니다.

메데이아가 그리스 문명 세계로 진출한 방법은 '결혼'입니다. 그리스 사회에서 여성은 남성과 동등한 시민권이 없

오이디푸스, 장애인 되다

그림 35

메데이아가 자식들을 죽이려 생각하고 있다. 앙리 클라그만, 「메데이아」, 1868년.

습니다. 투표권도 없고 재산권도 없는 가부장 체제에서 여성이 얼마간 권력을 행사할 수 있는 제도적 통로는 결혼밖에 없습니다. 일부일처 가부장제에서 아내는 오이코스(가정)의 '안주인'으로서 남편의 통치권을 얼마간 나눠 가질 수 있었습니다. 메데이아는 남편을 왕으로 만들어 왕비의 권력을 누리고자 그리스로 온 것입니다. 그런데 남편이 다른 왕국의 딸과 결혼해 버렸으니 얼마나 화가 나겠습니까?

분노에 치를 떠는 메데이아 앞에 이아손이 나타납니다. 이아손은 자기뿐 아니라 코린토스 왕에까지 증오의 말을 쏟아 내서 추방당하게 생겼다며 메데이아의 드센 성품을 비난합니다. 이에 메데이아는 혼인 서약만 믿고 고향도 버리고 혈족한테 못 할 짓도 하며 봉사했건만 어찌 다른 여자와 혼인할 수 있느냐며 이아손을 몰아세웁니다. 오늘날 막장 멜로드라마에서 흔히 볼 수 있는 이런 상황에서 남편은 어떻게 자신을 변호할까요? 이아손은 먼저 콜키스에서 자신을 구해 준 건 "신과 인간들 중에서 오직 키프리스뿐이었다고 나는 생각하오"(526~527행)라며 메데이아의 공로를 부정합니다. '키프리스'는 애욕을 일으키는 여신 아프로디테의 다른 이름입니다. 그러니까 이아손은 콜키스에서 자신을 도운 건 메데이아가 아니라, 메데이아 마음에 자신을 향한 애욕을 불러일으킨 아프로디테 여신이라는 겁니다. 푸하하! 정말 기상천외한 논리 아닙니까?

이 황당한 변명에는 인간의 자유의지와 신에 대한 독특한 사고방식이 담겨 있습니다. 이아손이 말하고자 한 것은 자신을 구한 건 메데이아의 자유의지가 아니라 그녀에게 애욕을 불러일으킨 여신의 힘으로, 이 둘은 분리 가능하며 자신은 메데이아가 아니라 여신에게 감사할 따름이라는 겁니

오이디푸스, 장애인 되다

다. '애욕'만 그런 걸까요? 아니면, 다른 마음의 작용에 대해서도 이런 식의 논리를 전개할 수 있는 걸까요?

에우리피데스의 「오레스테스」에도 비슷한 장면이 나옵니다. 남동생 오레스테스와 공모하여 어머니 클리타임네스트라를 살해한 엘렉트라는 뒤늦게 자신의 모친 살해를 후회하며 "포이보스께서는 우리로 하여금 남편을 죽인 어머니를 죽이게 함으로써 우리를 제물로 바치신 거예요"(191~193행)라고 말합니다. 어머니에 대한 증오심으로 친모 살해를 공모하고도 자신을 사주한 것은 아폴론(포이보스) 신이라고 변명한 것입니다. 오레스테스도 마찬가지로 아폴론(록시아스)을 탓합니다. "나는 록시아스를 탓하고 싶어요. 그분은 가장 불경한 짓을 저지르도록 나를 부추겨 놓고는 행동이 아니라, 말로만 나를 위로해 주시니 말예요"(285~287행). 에우리피데스의 비극에는 이처럼 자신의 행위를 '후회'하거나 책임을 '회피'하기 위해 초월적 힘(신)을 끌어들이는 나약한 인물들이 많이 나옵니다. 그런 점이 에우리피데스의 작품이 선배, 특히 아이스킬로스의 비극과 달라진 점입니다. 에우리피데스의 작품에서는 신의 뜻(운명)을 자유의지로써 받아들이는 비극의 영웅성이 별로 안 느껴집니다. 대신, 평범하고 통속적인 인물들의 멜로 드라마적 치정과 격정이 넘쳐 나죠.

자기 행위의 책임을 신에게 돌리는 것도 지질한데, 놀랍게도 크레온은 남이 행한 공로를 부인하려고 신에게 그 공로를 돌립니다. 이 파렴치한 논리를 정당화하는 근거는 첫째, 여성에게는 남성과 같은 자유의지가 애초에 없다는 겁니다. 여자는 타자의 뜻에 휘둘리는 수동성을 타고났다는 거죠. 둘째, 아프로디테가 사주하는 '사랑'은 광기와 비슷하게 자유의지를 약하게 한다는 겁니다. '사랑은 교통사고와 같다'는 통속적인 격언이 생각나지 않나요? 이렇게 범속하고 나약한 인물들이 통속적인 감정에 사로잡혀 치고받고 싸우는 드라마가 에우리피데스 작품의 특징으로, 에우리피데스 비극의 인기 요인과 멜로 드라마적 성격이 짐작되죠.

이아손은 설사 메데이아의 공로가 있다 쳐도 그 대가는 이미 치러졌으니 자기에게 부채감을 지우지 말라고 합니다. 메데이아가 이아손을 구해 준 대가로 받은 게 뭘까요? 야만족의 나라에 사는 대신 그리스의 문명국에 와서 명성을 떨친 것이 그 대가라는 겁니다. 근데 이것도 이아손 자신의 공로는 아니죠. 이아손은 남의 공로를 후려칠 때와 마찬가지로 있지도 않은 자기 공로를 자랑할 때도 자기에게 작용하는 초월적 힘(그리스 문명)을 끌어들이는 지질함을 시전합니다. 이 장면은 「헤카베」에서 오디세우스가 트로이를 야만시하고

오이디푸스, 장애인 되다

그리스 문명의 위대함을 주장한 장면처럼 그리스 가부장 질서가 야만과 문명의 대립 구도로 다른 문명을 야만시한 제국주의적 성격을 갖고 있음을 보여 줍니다.

이아손의 파렴치한 변명에 대해 메데이아는 가부장의 책임을 요구합니다. 자식이 없다면 모르겠지만 자식까지 있는데 어떻게 가정을 버릴 수 있냐는 겁니다. 그러자 이아손은 자신이 코린토스의 공주와 결혼한 것은 아들들을 위함이라고 변명합니다. 망명자의 자식으로 사는 것보다 왕가의 일원으로 사는 게 아이들 장래에 좋은 일 아니냐는 겁니다. 이런 변명도 오늘날 멜로 드라마에서 자주 듣던 대사죠. 그러면서 이아손은 아이들 장래는 생각 안 하고 자신의 결혼만 염려하는 여자들의 속 좁은 이기심을 비난합니다. 이 대목에서 이아손의 여성혐오는 궁극의 경지에 이릅니다.

> 당신들 여자들은 어떤가 하면,
> 결혼 생활만 원만하면 모든 걸 다 갖고 있다고 생각하고,
> 결혼 생활이 여의치 않으면
> 가장 훌륭하고 가장 아름다운 것조차
> 적대적인 것으로 여기지요.
> 사람들이 다른 방법으로 자식들을 낳고

여자 같은 것은 없어져 버렸으면 좋으련만!

(에우리피데스, 「메데이아」, 569~574행)

　　가부장제 질서에서 여성들이 얼마 안 되는 권리를 가질 수 있는 제도적 통로는 결혼밖에 없습니다. 많은 여성들이 결혼 관계에 얽매일 수밖에 없는 이유가 거기 있죠. 그런 여자들에 대해 이아손 같은 가부장들은 남녀 간의 애정과 결혼에 목매달고 다른 일은 생각할 줄 모르는 옹졸한 족속이라고 여자들을 비하합니다. 그런 여자들이 볼 줄 모르는 "훌륭하고 가장 아름다운 것"(571행)이 아들의 장래라는 게 정말 놀랍지 않나요? 아들이 친모와 관계를 끊고 아버지를 따라 "크고 아름다운" 새 가정에 편입되더라도 어미는 선선히 보내 줘야 한다는 겁니다. 이아손은 도대체 어머니는 어떤 존재라고 생각하는 걸까요? 헌신적으로 자식을 기르는 여자, 유모와 다를 바 없다고 여기는 겁니다. 자식의 혈통, 특히 아들의 혈통은 아버지에게 있다는 가부장제 이데올로기 속에서 많은 어머니가 아들의 유모 취급을 받았습니다. 아이스킬로스의 「자비로운 여신들」에서 아폴론은 "어머니는 제 자식의 생산자가 아니라, 새로 뿌려진 태아의 양육자에 불과하오"(658행) 하고 말했습니다. 유교에서 부생모육지은(父生

오이디푸스, 장애인 되다

母育之恩)이라며 아버지가 자식을 '낳고'(生) 어머니가 '기른 다'(育)고 표현한 것도 같은 이유죠.

　메데이아의 깊은 빡침이 폭발한 이유가 바로 이겁니 다. 자식과 어머니의 끊을 수 없는 혈연관계를 무시한 것에 메데이아는 서슬 퍼런 복수의 칼을 꺼냅니다. 우선 남편을 뺏어 간 코린토스 왕가를 향해 복수의 칼을 휘두릅니다. 메 데이아는 추방 명령을 전하러 온 크레온 왕에게 애원하여 하 룻밤의 말미를 얻고, 아이들 손에 치명적으로 아름다운 옷과 황금 머리띠를 선물로 들려 공주에게 보냅니다. 선물에 홀 린 공주가 머리띠를 꽂고 옷을 입자 거기 묻은 히드라의 독 이 공주의 살과 뼈를 파고듭니다. 끔찍한 고통 속에 죽어 가 는 공주를 끌어안은 크레온의 몸에도 독이 퍼져, 왕과 공주 는 한데 엉켜 뼈와 살이 불타듯 녹아내려 죽습니다.

　왕가의 끔찍한 소식을 듣고 아이들을 보호하러 온 이 아손 앞에 더 큰 불행과 고통이 기다립니다. 메데이아가 제 손으로 아들들을 살해한 겁니다. 왜냐고요? 어차피 독이 묻 은 선물을 왕가에 전한 아이들은 코린토스 사람들 손에 죽 을 게 뻔하기에 그럴 바에는 어미인 자기 손으로 목숨을 거 두겠다는 겁니다. 더 근본적인 이유는 "이아손의 심장을 가 격"(1360행)하기 위해, 자신을 배신한 이아손에게 치명적인

그림 36

외젠 들라크루아, 「격노한 메데이아」, 1838년.

고통을 안기기 위해서입니다. 메데이아를 희대의 악녀로 만든 게 바로 이 친자 살해입니다. 코린토스 왕가에 대한 복수는 이아손의 배신에 대한 복수로 이해할 만하지만, 제 손으로 자식들을 살해한 건 용서 못 할 악행이라는 거죠.

물론, 메데이아도 자식들을 죽일 결심을 하고서 깊은 고민에 빠집니다. 아이들 뺨을 어루만지며 죽일 결심을 거두

오이디푸스, 장애인 되다

기도 합니다. 그러고도 결국 자식을 낳은 어미의 손으로 자식의 목숨을 거둬 갈 결심을 굳힙니다.

> 가련한 내 손이여, 칼을 들어라! 칼을 들고
> 고통스런 경주의 출발점으로 다가서도록 하라!
> 비겁자가 되지 말고, 아이들 생각은 하지 마.
> 그들은 네 귀염둥이들이고, 네가 그들을 낳았다고!
> 이 짧은 하루 동안만 네 자식들을 잊었다가
> 나중에 울도록 해! 네가 아이들을 죽이더라도
> 아이들은 역시 네 귀염둥이들이 아닌가!
> 나야말로 불운한 여인이로구나!
>
> (에우리피데스, 「메데이아」, 1245~1250행)

메데이아는 어미인 제 손으로 "아이들을 죽이더라도 아이들은 역시" 자신의 "귀염둥이들"이라고 말합니다. 그는 어미임에도 '불구하고' 자식들을 죽인 게 아니라 제 손으로 낳고 기른 어미이기 '때문에' 죽였다고 말합니다. 오늘날 정부의 무관심 속에서 홀로 중증장애인 자식을 돌보다 견딜 수 없는 괴로움과 외로움 속에서 끝내 제 손으로 자식의 목숨을 끊고 자기 삶도 내려놓은 어머니들의 절규가 떠오르지 않습니까? 물론 자식의 생명을 어머니의 삶과 분리하지 못한 걸 비난할 수 있습니다. 하지만 중증장애인이 어미 없이도 독립된 삶을 살 여건을 전혀 마련하지 않은 정부와 사회의 책임이 더 크지 않을까요. 메데이아의 절규는 또한 어렵게 임신중지 결단을 내린 임신부의 심정을 대변하기도 합니다. 자녀의 목숨을 거두는 어미의 고뇌 근저에는 '소유 의식'이나 '비정함'이라는 얄팍한 단어로 건져 올리기에는 모자란 디오니소스적 모성이 잠재해 있습니다.

　　메데이아가 아들들을 죽이기로 결심한 이유는 이아손이 아들들의 "크고 아름다운" 장래를 위해 모자 관계는 끊어져도 상관없다고 무시했기 때문입니다. 모계혈통을 가벼이 여기는 가부장의 뻔뻔함에 메데이아의 모성적 분노가 폭발한 겁니다. 그래서 바쿠스 여신도들이 가부장의 자식들을 버리듯이 이아손의 심장과 같은 아들의 영혼을 앗아간 것입니다. 메데이아는 부계적 영혼이 사그라든 자식들을 품에 안고 마법 수레를 타고 지붕 위로 올라갑니다. 비탄에 빠진 이아손이 시신만이라도 돌려달라고 했지만 메데이아는 거절합니다. 아이들은 "헤라 여신의 성역으로 데려가 내 손으로 묻어 줄 것"(1379행)이며, "이 불경한 살인을 속죄하기 위해 앞으로 여기 이 시시포스의 나라에서 신성한 축제와 제사를

　　　　　　　　　　　　오이디푸스, 장애인 되다

올리게 할 것"(1381~1383행)이라고 말하고 메데이아는 코린 토스를 떠납니다.

코린토스를 떠난 메데이아는 아테네로 갈 생각입니다. 아테네의 왕 아이게우스와 결혼하기 위해서죠. 자식이 없어 델포이에 신탁을 물으러 갔다 오는 길에 메데이아를 만난 아이게우스는 메데이아의 딱한 사정에 연민을 느낍니다. 이아손과의 혼인이 파탄 난 메데이아는 아이게우스를 새로운 남편으로 선택하고 아들을 낳아 줄 테니 자신을 데려가 달라고 부탁합니다. 아이게우스는 남의 여자를 데려가기는 어렵고, 메데이아가 혼자 아테네로 오면 받아 주겠다고 약속합니다. 이아손과의 혼인 관계를 청산하고, 이아손의 아들들까지 없앤 메데이아는 홀가분한 몸이 되어 아테네의 왕과 결혼하여 왕비의 권력을 휘두르는 야망을 다시 불태웁니다.

여기서 메데이아의 야망이 지닌 한계가 드러납니다. 무도하고 파렴치한 가부장 이아손을 떠난 메데이아는 가련한 여자를 동정하는 착한 가부장 아이게우스와 결혼하려 합니다. 이아손을 통해 이루려 했던 처음의 꿈처럼 가부장의 아내로서 가부장의 아들을 낳은 어머니의 자격으로 가부장의 권세를 나눠 갖는 것이 메데이아의 변함없는 야망입니다. 그 과정에서 아내의 권리, 어머니의 권리를 인정하지 않는

무도한 가부장에게는 저항적 폭력을 행사하지만, 가부장 체제 자체를 해체할 생각은 없습니다. 그의 궁극적 목적은 가부장의 아내이자 아들의 어머니에게 허용된 권력을 최대치로 누리는 것뿐이죠. 이것은 메데이아의 의지와 욕망이 가부장제를 벗어나지 못했음을 보여 줍니다.

이런 한계는 메데이아처럼 파렴치한 가부장에 복수의 칼을 휘두른 헤카베에게도 발견됩니다. 헤카베는 자기 딸의 희생을 항의하면서 아킬레우스의 원혼을 달래려면 헬레네를 죽이라고 말합니다. 파리스와 바람이 나서 남편을 버리고 온 헬레네 때문에 그리스 병사들이 트로이로 진군했기 때문에. 트로이 전쟁의 원인과 책임을 '불륜녀' 헬레네에게 돌리는 것은 전형적인 가부장 이데올로기입니다. 헤카베의 이런 보수적 태도는 아이스킬로스의 「아가멤논」에서 헬레네에게 트로이 전쟁의 책임을 돌리는 지질한 아르고스 장로 늙은이를 단호하게 꾸짖은 클리타임네스트라의 태도와 대조됩니다. 메데이아와 마찬가지로 헤카베 역시 아들을 죽인 파렴치한 가부장에게 저항했을 뿐 가부장제 이데올로기에 저항한 건 아니기 때문입니다.

헤카베도 그렇고 메데이아도 그렇고, 에우리피데스의 비극에 등장하는 마이나데스 캐릭터는 왜 가부장에 저항할

오이디푸스, 장애인 되다

때조차 가부장제 이데올로기를 벗어나지 못할까요? 왜냐하면 에우리피데스의 작가의식이 가부장제 이데올로기에 갇혀 있기 때문입니다. 소크라테스의 친구이자 민주파로서 에우리피데스가 비판할 수 있는 최대치는 폴리메스토르와 이아손 같은 가부장의 무도함과 파렴치함입니다. 불쌍한 여자에게 연민의 감정을 갖는 친절하고 대범한 가부장이 되면 사나운 여자도 현모양처로 만들 수 있다고 생각하죠. 그래도 안 되면 그 여자가 악한 거죠. 에우리피데스에게 문제가 되는 것은 가부장 체제와 이데올로기가 아니라 도덕입니다. 그의 세계관에는 선한 가부장과 악한 가부장이 있으며, 그에 대응하여 선한 여자와 악한 여자만 있습니다. 아이스킬로스의 클리타임네스트라나 소포클레스의 안티고네처럼 가부장 체제의 이데올로기를 벗어난 여성은 없습니다. 무도하고 파렴치한 가부장에 폭력으로 맞선 헤카베와 메데이아가 아무리 그럴 만한 이유가 있어도 '악녀'의 범주를 벗어날 수 없는 건 이 때문입니다.

에우리피데스의 세계관 안에서 어떤 여자가 선한 여자일까요? 「타우리케의 이피게네이아」에서 그리스 총사령관인 아버지의 고뇌를 이해하며 아버지를 위해, 그리고 조국을 위해 장렬히 목숨을 바친 이피게네이아처럼 착한 딸이자 「알

255

케스티스」에서 죽을 운명의 남편을 대신해서 죽음을 자처한 알케스티스 같은 아내이며 「안드로마케」에서 불임인 악녀의 질투 때문에 목숨이 위태로워진 아들을 목숨 걸고 지킨 안드로마케 같은 어머니입니다. 현모양처에 애국자로 순종과 헌신의 성품을 가진 여성이 에우리피데스가 비극을 통해 선보인 선한 여자입니다.

에우리피데스의 죽음과 함께 펠로폰네소스 전쟁에서 패배한 아테네는 쇠망의 길로 들어섭니다. 이후 서구 유럽은 기독교 문명을 통해 한층 더 도덕화된 가부장 이데올로기를 발전시켰습니다. 그 속에서 가부장 체제에 저항하거나 자립적인 삶을 추구한 여성은 가차 없이 마녀사냥을 당했죠. 19세기부터 가부장 체제의 억압에 저항하는 여성 집단이 나타났고 페미니즘의 깃발을 들고 마이나데스의 역사를 다시 이어 갔습니다. 근대 페미니즘의 역사에서 가장 먼저 출현한 마이나데스의 형상은 에우리피데스의 비극에 등장한 악녀들, 무도하고 파렴치한 가부장에 거칠게 저항하는 여성입니다. 현모양처의 도덕을 위반한 악녀들의 저항은 에우리피데스의 악녀들처럼 가부장 체제의 젠더 이분법과 이데올로기를 해체하지 못하는 한계에 부딪혔습니다. 악녀들의 반란이 퍼지면서 새로운 유형의 마이나데스, 아이스킬로스의 클리

오이디푸스, 장애인 되다

타임네스트라처럼 남성과 동등한 시민의 입장에서 생명들에 가해진 국가 폭력을 응징하는 여성들이 나타났습니다. 그리고 가부장 체제의 뿌리를 흔들며 소포클레스의 안티고네처럼 원초적이고 보편적인 사랑으로 성별 이분법과 국가주의를 해체하는 여성들이 출현했습니다.

고대부터 젠더-장애인으로 취급받은 여성들의 저항을 본받아 신체장애인들과 정신장애인들이 차별에 저항하는 사회운동을 일으키고 있습니다. 그 반란의 첫걸음을 내디딘 장애인들은 시혜와 동정에 감사하는 '착한' 장애인의 허울을 벗고 학대와 배제에 사납게 투쟁하는 '나쁜' 장애인들입니다. 장애인 운동이 발전하면서 단지 나쁜 시설과 학대하는 보호자뿐 아니라 일반 시민들의 '선량한 차별'에도 저항하는 장애인들이 나타났습니다. 그들은 클리타임네스트라처럼 동등한 시민의 입장에서 능력주의의 폭력성을 비판하며, 안티고네처럼 무시무시한 사랑의 힘으로 차별받는 모든 소수자들과의 보편적 연대를 이루고 있습니다.

epilogue.
장애인의 운명, 한 번 더

코로나19 팬데믹으로 실시간 온라인 중계와 현장 수업을 병행할 때였다. 철학 수업 시간에 학생들한테 "다음 생도 장애인으로 태어난다면 어떨 거 같아요?" 하고 물었다. 다수가 싫다고 대답했는데, 특히 쉰여섯 되도록 여든 넘은 엄마 때문에 독립을 미루고 있는 이영애 씨가 "장애인으로 태어나는 건 엄마한테도 못 할 짓이고, 당사자도 너무 힘든 일이라 싫다"고 한탄하듯 대답했다. 그러자 온라인 화면으로 윤국진 씨가 "왜? 난 좋은데!" 하고 대답했다. 국진 씨는 열네 살에 음성 꽃동네에 들어갔다가 십오 년 만에 소송과 투쟁 끝에 시설에서 나와 지역사회에서 살고 있다. 두 사람 다 비슷하게 정도가 심한 뇌병변장애인으로, 국진 씨는 시설과 싸우며 지역사회로 자립했고, 영애 씨는 엄마와 싸우며 늦은 자립을 준비하고 있다. 다음 생도 장애인으로 태어난다면 어떨 것

오이디푸스, 장애인 되다

같냐는 물음에 "절대 싫다"와 "나는 좋아!"가 충돌하는 순간 온몸에 전율이 일었다. 두 사람의 상반된 대답에서 헤아리기 힘든 운명의 무게와 고통이 느껴졌다.

집에 오면서 같은 질문을 나 자신한테 던져 봤다. 누가 나한테 "다음 생도 지금과 같은 몸으로 태어나고 싶은가?" 하고 물으면 나는 뭐라고 대답했을까? 아마 "지금도 나쁘진 않은데, 다시 태어난다면 '현빈'처럼 키 크고 잘생긴 몸으로 태어나고 싶다"고 대답했을 거다. 장애인 학생들도 비슷한 마음이 아니었을까? 그제서야 질문의 선택지가 잘못 구성됐음을 깨달았다. '다음 생도 장애인으로 태어나고 싶은가?' 하고 물으면서 나는 은연중 '아니면, 비장애인으로 태어나고 싶은가'라는 다른 선택지를 전제한 것이다. 나한테 '지금의 키 작고 못생긴 몸으로 태어날래, 아니면 키 크고 잘생긴 몸으로 태어날래?' 하고 묻는 것처럼.

그렇게 '지금의 신체조건'과 '더 나은 신체조건' 중 선택하라고 하면 장애인뿐만 아니라 다수의 비장애인들이 '더 나은 신체조건'을 선택할 것이다. 고대 아테네 사회나 우리 조선시대, 그리고 오늘날 한국 사회까지 대부분의 문명사회에서 잘생긴 몸이 높은 가치를 인정받기 때문이다. 물론 국진 씨처럼 지금의 몸도 괜찮다고 대답할 사람도 소수지만 분명 있다. 나도 일정 부분 그렇게 생각한다. 신체조건이 중요하긴 하지만 그밖에 인생의 행복을 결정짓는 더 중요한 요인들이 있다고 생각하기 때문이다. 국진 씨의 생각도 다르지 않을 거다. 장애인도 행복을 결정짓는 요인들에는 신체조건 말고 자유의지, 친구들, 운빨, 부모력 등 다양한 요인들이 있음을 안다. 물론 장애인 차별이 심각한 현실을 무시해선 안 되지만, 그렇다고 장애인은 신체조건 말고 행복의 다른 요인들이 있다고 생각하지 못할 거라 여겨서는 안 된다. 그런 선입견에도 차별 의식이 숨어 있다.

곰곰이 생각해 보면 국진 씨의 "나는 좋아!"는 장애 없는 몸과 비교하면서 나온 대답이 아닌 것 같다. 그는 그저 지금의 인생이 고달프기도 하지만 전반적으로 꽤 괜찮은 삶이라고 총평한 것이다. 나의 질문을 신체조건에 대한 만족도가 아니라 지금의 '삶'에 대한 만족도로 받아들인 거다. 그럼 비교 대상도 달라진다. '더 나은 몸'과 비교해서 '지금 몸' 대한 만족도를 묻는 게 아니라면 '지금 삶'에 대한 만족감은 무엇과 비교해야 할까? 삶은 죽음과만 비교될 수 있다. 자기 삶을 평가하는 질문의 선택지는 '한 번 더 사는 것'과 '안 태어나는 것'이다. 그래서 국진 씨가 "왜? 나는 좋은데!" 라고 대답할 때 생각한 질문은 '지금 같은 장애인의 삶을 한 번 더 사는 것과 아예 태어나지 않는 것 중 선택한다면?'일 수 있다. 그렇게 물어야 자신의 운명을 어떻게 평가하는지, 자기 운명에 대한 애정(amor fati)을 알 수 있다.

"장애인의 삶을 한 번 더 살래? 아니면 태어나지 않을래?"라는 질문은 지금의 삶을 평가하기 위한 사고 실험일 뿐 아무도 다음 생을 선택할 수는 없다. 하지만 '또 다른 나'라고 할 수 있는 '자식'의 삶을 선택할 수는 있다. 자식을 가질지 말지, 임신을 지속할지 중단할지 선택하는 상황은 현실에 널리 존재한다. 고대 그리스의 기형아 유기부터 근대 문명 국가들의 장애인 단종수술을 거쳐 오늘날 임신부 산전 검사에 이르기까지 장애아를 솎아 내기 위한 우생학적 노력이 있어 왔다. 한국은 모자보건법에 '우생학적(優生學的) 또는 유전학적 정신장애나 신체질환이 있는 경우'를 임신중절 허용 사유로 규정하고 있다. 자식에게 장애인의 운명을 물려주지 말라는 것이 모자보건법 14조의 메시지다.

의료 정책도 마찬가지다. 임신부가 병원에 가면 먼저 혈액을 채취해서 삼중표지자 검사를 한다. 혈액 내 세 가지 표지 물질의 농도를 검사해서 태아의 (다운증후군을 비롯한) 유전성 질환 확률을 통계학적 수치로 파악하는 것이다. 정부는 삼중표지자 검사비를 국민건강보험으로 지원하고 보건소에서는 무료로 받게 한다. 삼중표지자 검사 결과는 '양성'(positive), 혹은 '음성'(negative)으로 표시되는데, 양성이라는 것은 태아가 다운증후군이라는 게 아니라 그럴 확률이 250분의 1 이상이라는 뜻이다. 그걸 '고위험군'이라고 부른다. 양성이면 어쩌라는 걸까? 임신부의 자궁에서 양수나 융모조직을 채취해 좀 더 정확도 높은 검사를 하라는 거다.

그런데 양수검사나 융모조직 검사는 또 다른 위험을 내포한다. 임신부의 자궁에 물리적으로 침습하는 검사라서 그 영향으로 태아의 생명이 사라질 (유산) 확률이 1~2퍼센트 된다. 혈액(삼중표지자, 혹은 한 가지 물질을 추가한 사중표지자)검사 결과 양성 판정을 받은 임신부 중 실제 다운증후군 아이를 출산한 통계가 1~2퍼센트라고 한다. 태아의 유전질환 예측율과 침습적 검사로 인한 유산 위험이 1~2퍼센트로 동일하다면 혈액검사 결과 양성 판정을 받은 임신부는 어느 쪽을 선택해야 할까? 침습적 검사를 받아야 할까, 아니면 받지 말아야 할까?

이런 산전 검사는 예견술의 역사에 속하는 것이다. 그 예견술의 역사를 창시한 이가 프로메테우스다. 아이스킬로스의 「결박된 프로메테우스」에 따르면 그는 인간에게 꿈을 통해, 혹은 새의 행적, 짐승의 뼈나 내장의 모습을 통해 미

오이디푸스, 장애인 되다

래의 일을 예견하는 기술을 가르쳐 주었다. 그러면서도 그는 인간을 위해 인간이 자신의 운명을 미리 알 수 없게 했으며, 어떤 신탁과 예언도 인간의 운명을 바꿀 수 없다고 생각했다. 아폴론으로부터 예견술을 갖게 된 카산드라도 자신의 죽을 운명을 피하지 못했고, 부친 살해와 근친상간의 신탁을 미리 들은 오이디푸스와 그 부모도 자신의 운명을 피하지 못했다. '예견술은 운명을 바꿀 수 없다'는 명제가 비극적 세계관의 구성 법칙이다.

그것은 과학기술이 발전하지 못한 시대의 종교적 미신에 불과한 걸까? 그런 미신을 타파하고 과학기술로 인간의 운명을 통제할 수 있다는 근대인들의 믿음은 전부 진보적인 진실일까? 중세 기독교의 초월적 운명론에 맞선 근대 과학의 믿음은 분명 인간 사회에 진보를 가져왔다. 그러나 고대 그리스 비극의 운명론은 다르게 봐야 한다. 비극의 세계관에서 예견술이 운명을 바꾸지 못한다는 명제는 인간 지성의 한계를 의미하는 게 아니다. 그것은 인간의 운명을 결정하는 것이 지식(예견술)이 아니라 의지와 욕망임을, 서로 다른 인간의 의지와 욕망이 씨줄과 날줄처럼 엮여서 운명의 텍스트가 짜인다는 뜻이다.

오늘날 장애인의 운명에 대해서도 비극의 운명론을

되새겨 볼 필요가 있다. 임신부의 혈액을 채취하여 서너 가지 표지 물질의 농도를 보고 태아의 장애를 예견하는 것과 별의 무늬, 짐승의 뼈와 내장의 무늬를 보고 미래를 예견하는 기술은 과연 얼마나 다른 걸까? 물론, 그 사이 상관성이나 인과성의 정도, 통계학적 타당성은 다를지 몰라도 그 지식만으로 인간의 운명을 예견할 수 없다는 사실은 별반 다르지 않다. 삼중표지자 검사 양성 예측률과 침습적 검사로 인한 유산 위험률이 모두 1~2퍼센트로 수치상 같을 때 태아의 운명을 결정하는 것은 수치 계산이 아니라, 장애인의 삶에 대한 총체적인 판단과 그에 따른 실천적 의지와 결단이다.

다수의 임신부가 삼중표지자 검사 결과 양성이 나오면 침습적 검사를 받는다. 정부가 삼중표지자 검사를 무료로 해주는 이유도 그렇게 하라는 것이다. 수치상으로는 1~2퍼센트로 같지만 유전성 질환이 있는 아이를 출산할 위험도와 태아의 생명이 사라질 위험도를 다르게 느끼고 평가하기 때문이다. 정부와 의료 권력은 유산으로 인한 슬픔은 잠깐이지만 장애아를 낳아 기르는 고통은 훨씬 크고 영속적이라고 판단한다. 가족도 괴롭고 당사자도 괴롭게 사니 아예 태어나지 않는 게 낫다고 생각하고, 부모도 그렇게 생각하도록 유도한다. 이것은 과학적 지식 자체와 무관한, 정부와 의료 권

오이디푸스, 장애인 되다

력에 의한 우생학적 가치 판단이다.

"내 아이에게 유전성 질환이 있다면 그래도 아이를 낳을 겁니까, 아니면 모자보건법이 권유한 대로 임신을 중단할 겁니까?" 이것이 '장애인의 운명, 한 번 더?'라는 질문의 가장 현실적인 판본이다. 노들야학 교사였던 '이라나'는 그 질문에 '좋아, 한 번 더!'라고 대답했다. 이라나는 골형성부전증으로 인해 정도가 심한 장애가 있다. 2017년 그는 노들야학 학생이던 남자와 결혼했고 그해 임신했다. 계획한 건 아니지만 아이를 갖게 되어 무척 기뻤다. 하지만 주변 사람들 반응은 그렇지 않았다. 임신하고 처음 간 대학병원 의사의 태도에 이리나는 충격을 받았다. 골형성부전증으로 키가 무척 작은 그를 보자마자 의사는 안색이 확 바뀌더니 "당신처럼 작은 산모는 전 세계적으로 유례가 없다. 산모가 너무 작아서 아이 크는 거 20주까지도 못 버틴다"고 했다. 몸이 작아도 아이를 낳은 사례는 무척 많다. 의사가 지적하고 싶은 건 단지 임신부의 작은 키가 아니라 골형성부전증의 유전 가능성이다.

> 더 충격적이었던 건 '갖기 전에 왔어야지'라는 말이었어요. 그 말뜻이, '네가 낳으면 100퍼센트 장애인일 텐데, 갖기 전에 유전자 잘 골라서 장애 없는 아이로 체

외수정 했어야지'라는 거. 이 말을 듣는데 화도 안 나고 그냥 서럽더라고요. 엉엉 울었어요.[1]

의사는 채혈하고, 혈액검사 결과가 나오자마자 빨리 와야 한다고 다그쳤다. 삼중표지자 검사를 위한 채혈이었고, 빨리 오라는 건 법적 임신중절 허용 기간인 20주 안에 오라는 뜻이었다. 골형성부전증은 유전성 질환이지만 이라나의 부모처럼 부모에게는 장애가 없는 경우도 많다. 다른 병원에서 만난 의사는 이라나가 아이를 낳으면 50퍼센트 확률로 장애가 유전된다고 했다. 임신 17주에 초음파 검사를 했다. 태아의 다리가 많이 휘어 있는 걸 보고, 아무래도 장애가 유전된 된 것 같다고 했다. 이라나는 며칠 동안 눈만 뜨면 울었다. 그때 처음으로 임신중절을 생각했다. 골형성부전증으로 인한 고통과 장애를 너무 잘 알기에 출산을 결심하기까지 많은 고민을 했다.

---

1 최한별, "같은 장애 가진 아이와 저, 여기서 함께 행복하고 싶어요", 비마이너, 2018년 7월 20일. (https://www.beminor.com/news/articleView.html?idxno=12405)

오이디푸스, 장애인 되다

내가 뼈가 부러지는 몸이라는 걸 인지하기 시작했을 때부터 죽고 싶었어요. 처음 그런 생각 한 게 아홉 살 때. 아파서. 그리고 앞으로 계속 이렇게 살아야 한다고 생각하니까 더 그랬어요. 연수가 태어난 지 2개월도 안 됐을 때 벌써 쇄골, 양쪽 팔, 다리 전부 한 번씩 부러졌어요. 그 과정을 거치자니 다시 그 절망이 생각나면서. 이렇게 예쁜 아이가 나의 아홉 살과 같은 시기를 거칠 거라고 생각하니 오죽하면 '임신했을 때 그냥 (임신중절을) 선택할걸' 하는 생각까지 들었어요.[2]

그래도 뱃속의 아이가 잘 자라니까 미안하면서도 꼭 만나고 싶었다. 망설이는 이라나에게 용기를 준 건 어머니다. 처음 임신 소식을 알렸을 때 어머니는 "잘됐네. 한번 낳아봐" 하며 응원했고, 아이에게 장애가 있음을 알았을 때도 "장애 없는데 말 안 듣는 애보다 낫지 뭐"라며 우스갯소리를 했다. 예전에 뱃속의 이라나에게 장애가 있다는 걸 알았을 때 어머니는 사실 죽고 싶었다고 했다. 그럼에도 그 딸이 자라서 자기처럼 장애아를 임신했을 때 '괜찮아, 내 인생이 그랬

---

2   앞의 글.

듯이 장애인 딸을 키우는 네 인생도 기쁨으로 반짝일 거야 하고 응원해 준 것이다. 어머니가 자기 운명을 긍정하며 (장애인 딸을 키우는 엄마로서) 딸의 운명을 긍정한 것처럼 이라나도 장애인으로 살아온 자신의 운명을 긍정하면서 장애인으로 살아갈 딸의 운명을 받아들이고 출산했다.

이라나가 딸을 통해 장애인의 운명을 한 번 더 긍정한 것은 그가 노들야학을 통해 진보적 장애인의 운명을 배우고, 장애인 자립생활 활동가의 삶을 살고 있기 때문이다. 그래서 장애인의 인생에는 결핍과 고통만 있는 게 아니라 권리와 기쁨, 그리고 세상을 바꾸는 긍지가 있음을 깨달았기 때문이다. 장애인의 권리가 확장되는 만큼 세상도 변하는 걸 경험한 이라나는 골형성부전증이라는 병명은 같을지라도 그로 인한 사회적 장애 정도는 다를 것을 안다. 그는 자신이 싸우는 만큼 딸이 누릴 장애인의 권리는 풍부해질 것이며, 딸도 자기만의 방식으로 세상의 경계를 한 뼘 더 넓힐 것을 믿는다. '장애인의 운명, 한 번 더!'는 세상에 더 많은 변화와 차이를 불러오는 디오니소스적 운명애의 주문이다.

오이디푸스, 장애인 되다

참고문헌

Foucault, Michel, *The Courage of Truth(The Government of Self and Others II): Lectures at the College de France, 1983~1984*, trans. Graham Burchell, St Martins Press, 2011.

Hughes, Bill, *A Historical Sociology of Disability: Human Validity and Invalidity from Antiquity to Early Modernity*, Routledge, 2020.

Laes, Christian, *Disability in Antiquity*, Routledge, 2017.

고병권, 『노동자의 운명』, 천년의상상, 2020.

김용출, 『시대를 울린 여자: 최옥란 평전』, SeoulPost, 2003.

김윤영, "나의 남겨진 말", 비마이너, 2019년 11월 2일. (https://www.beminor.com/news/articleView.html?idxno=14008)

나드·다리아·박목우·안희제·재·홍수영 글, 조한진희·다른몸들 기획, 『아픈 몸, 무대에 서다』, 오월의봄, 2022.

리시아스, 『리시아스 변론집 2』, 최자영 옮김, 나남출판, 2021.

마이클 올리버, 『장애화의 정치』(*The Politics of Disablement*), 윤삼호 옮김, 대구 DPI, 2006.

소포클레스, 『소포클레스 비극 전집』, 천병희 옮김, 도서출판 숲, 2008.

수전 웬델, 『거부당한 몸』, 김은정·강진영·황지성 옮김, 그린비, 2013.

아리스토텔레스, 『시학』, 박문재 옮김, 현대지성, 2021.

아이스킬로스, 『아이스킬로스 비극 전집』, 천병희 옮김, 도서출판 숲, 2008.

에우리피데스, 『에우리피데스 비극 전집 2』, 천병희 옮김, 도서출판 숲, 2009.

에우리피데스, 『에우리피데스 비극 전집 I』, 천병희 옮김, 도서출판 숲, 2020.

최한별, "같은 장애 가진 아이와 저, 여기서 함께 행복하고 싶어요", 비마이너, 2018년 7월 20일. (https://www.beminor.com/news/articleView.html?idxno=12405)

톰 셰익스피어, 『장애학의 쟁점: 영국 사회모델의 의미와 한계』, 이지수 옮김, 학지사, 2013.

프리드리히 니체, 『비극의 탄생』, 박찬국 옮김, 아카넷, 2007.

호메로스, 『일리아스』, 천병희 옮김, 도서출판 숲, 2015.

홍은전, 「싸우는 인간의 탄생」, 『전사들의 노래』 오월의봄, 2023.

홍은전, "내 인생을 망치러 온 나의 구원자, 박경석", 비마이너, 2021년 11월 29일. (https://www.beminor.com/news/curationView.html?idxno=22408)

《오이디푸스, 장애인 되다》를 후원해 주신 분들

고가희	박선희	이지훈
구세주	박승원	이진아
권혁신	박신영	이창엽
권희원	박전일	이하나
김다연	배정현	임당
김란희	배현	전근배
김병오	백기영	정민기
김아영	백수영	정유진
김지영	봉식미토삼순	정혜실
김태술	사회복지연구소 물결	조성관
김현주	서한영교	채영숙
남호범	석순교지편집위원회	책갈이
노들장애인야학 천성호	소양	최자영
농뇽	송현주	최한별
단박	엄정원	추일범
도연	연수로영현 다섯	크리스티아누 주뱅
류보선	오승예	한광주
류혜인	월하정인	한수민
문민기	유선욱	한혜선
물결	이나영	함보현
ㅂㅇㄱ	이라나	홍아름
박경석	이소연	황서영
박노진	이유니	히옹
박명혜	이재경	외 15명 (총 86명)